MERIAN *live!*

W0035432

Island

Dörte Saße hat ihr Herz an Island verloren und an die liebenswert schrulligen,
immer kreativen Menschen. Wie **Cornelia
Rottmann**, die das Land seit 16 Jahren
bis in die letzte Hochland-Ecke bereist.

 Familientipps

 Diese Unterkünfte haben
behindertengerechte Zimmer

 Ziele in der Umgebung

Preise für ein Doppelzimmer mit Frühstück:

€€€€ ab 40 000 ISK €€ ab 13 000 ISK
€€€ ab 24 000 ISK € bis 13 000 ISK

Preise für ein dreigängiges Menü ohne
Getränke:

€€€€ ab 9000 ISK €€ ab 2500 ISK
€€€ ab 5000 ISK € bis 2500 ISK

Inhalt

◄ Baden in einem natürlichen Hot Pot, wie hier bei Hveravellir, ist ein Riesenspaß.

Unterwegs in Island · 34

Der Westen · Der Norden · Der Osten
Reykjavík und Umgebung · Der Süden

Touren und Ausflüge · 118

Wissenswertes über Island · 128

✳ Karten und Pläne

Die Koordinaten im Text verweisen auf die Karten, z. B. ▶ S. 150, C 11.

Willkommen in Island
Das Land, in dem Gletschereis und Lava fließen, lädt zum Entdecken ein, ebenso wie die gastfreundlichen Nachfahren der Wikinger.

So mancher Tourist ist schon mit voller Kraft auf die Bremse gestiegen – weil ein Schaf einfach mitten auf der Straße stand. Entschlossene Augen im dichten Wuschelfell scheinen dann zu testen, wer länger stillstehen kann. Im Zweifelsfall kann es das Schaf. Und zwar genau bis zu jenem Moment, da der Tourist endlich die Kamera aus der Tasche genestelt hat und abdrücken will – dann springt das Tier flott von der Straße ...

Solche Geschichten erzählen sich Islandbesucher begeistert. Sie lehren zwei wichtige Dinge über die große Insel: Erstens sind Schafe hier die wahren Herrscher – selbst wenn sie sich manchmal dumm stellen und in Herden durch die Gegend treiben lassen. Und zweitens sollte man jederzeit die Kamera griffbereit halten. Denn immer wieder bietet sich eine Vollbremsung an, etwa wenn hinter der nächsten Ecke dichte Dampfwolken dekorativ in den blauen Himmel wabern. Oder weil ein malerischer Wasserfall auftaucht, weil eine Felsformation intensiv an Trolle erinnert oder mitten in der eintönigen Lavawüste ein zauberhaftes weiß-buntes Häuschen leuchtet.

Krasse Gegensätze

Die Natur und ihre Gegensätze machen Island so bezaubernd und faszinieren auch Menschen, die es

◄ Nur Geduld! Schafe haben im isländischen Verkehr uneingeschränkt »Vorfahrt«.

sonst nie in Richtung Polarkreis zieht. Brodelnde Geysire und heiße Vulkane liegen nah an mächtigen Gletschern. Schroffe enge Täler gehen in schier endlose Weiten über. Nirgends scheint der Himmel so blau wie über Island – es sei denn, er hängt voller Regenwolken, oder schillernde Nordlichter tanzen vorüber. Wirklich eisig wird es dank des nahen Golfstroms eigentlich nie. Es heißt, die norwegischen Entdecker hätten die vielversprechende Insel »Eisland« genannt, um andere abzuschrecken.

Schräg und liebenswürdig

Der frühe Etikettenschwindel hielt allerdings erste Siedler aus Norwegen und Irland ebenso wenig von der Insel fern wie heutige Besucher. Denn auch die Menschen im Land faszinieren: Sie melden stolz die höchste Dichte an Nobelpreisträgern – in keinem anderen Land kommt ein Preisträger auf so wenige Einwohner. Sie besitzen selbst als Informatiker oder Managerin noch ein paar Schafe auf dem Land, die sie im Herbst mit Begeisterung von den Bergen treiben. Sie bastelten schon vor 100 Jahren Turbinen, um ihre Farm mit »Ökostrom« zu versorgen. Sie hüpfen in heiße Quellen, wo immer möglich. Viele glauben vorsichtshalber an Elfen, es könnte sie ja wirklich geben. Außerdem lesen und schreiben Isländer mit Begeisterung Kriminalromane, obwohl im ganzen Land jährlich höchstens zwei Morde passieren – für das Gefängnis gibt es eine Warteliste. Und schließlich

bietet eine vergleichsweise winzige Hauptstadt eine derart vielfältige Kunst- und Musikszene samt durchfeierter Nächte, dass Reykjavík weltweit als »Capital of Cool« gilt.

Nicht unterzukriegen

Auch die Finanzkrise und ein drohender Staatsbankrott konnten den Lebensmut der Menschen nicht beugen. Einige dachten zwar über das Auswandern nach, doch würde das helfen? Stattdessen machten die Isländer, was sie schon immer taten, wenn etwa Lavaströme und Ascheschichten Farm und Felder vernichteten oder heftige Schmelzwasserfluten die Straßen weggeschwemmt hatten. Sie machten einfach weiter und das Beste draus, frei nach dem Motto: »Erst tun wir es, und dann finden wir es gut.« So schimpften die Isländer auf Banker und Politiker, wählten einen Komiker zum neuen Bürgermeister der Hauptstadt, ließen ganz normale Bürger an einer neuen Verfassung arbeiten und importierten einfach weniger ausländische Produkte.

»Dann finden wir es gut« – das gilt auch für den EyjafjallajökullAusbruch, der 2010 den Weltflugverkehr lahmlegte: In Island selbst war er kaum zu spüren, denn die feine Asche flog sehr hoch. Und bald stellte sich heraus: Eine so wirksame Werbung für Island, als Heimat unbändiger Naturgewalten, hätte niemand je bezahlen können. Die Touristenzahlen steigen seither stärker, vielleicht sollte man die Hauptsaison etwas ausdehnen, überlegt mancher Hotelchef. Und wandelt am Feierabend im Bademantel in die Natur – wo unter freiem Himmel heiße Quellen warten.

MERIAN-TopTen MERIAN zeigt Ihnen die Höhepunkte des Landes: Das sollten Sie sich bei einem Besuch in Island nicht entgehen lassen.

 Reykjavík
Die gemütliche Altstadt beeindruckt ebenso wie die moderne Architektur und das rege Nachtleben (▶ S. 37, 120).

 Þingvellir
Das Tal, das Europas erste Demokratie hervorbrachte und wo Amerika und Eurasien aneinanderstoßen (▶ S. 42, 121).

 Geysir-Feld und Gullfoss
Der Inbegriff Islands, heiße Quellen und Wasserfälle – diese beiden sind die schönsten (▶ S. 42, 44, 121, 122).

 Blaue Lagunen und Hot Tubs
Berühmt ist der heiße See bei Reykjavík, entspannend jener bei Mývatn sowie die Naturbäder im ganzen Land (▶ S. 52, 83, 124).

 Landmannalaugar
Bunt leuchtende Liparitberge, Obsidianströme und Kraterseen sind per Hochlandbus zu erreichen (▶ S. 55, 63, 65).

 Vatnajökull
Zu Fuß auf dem größten Gletscher Europas und im Nationalpark vor den Gletscherzungen (▶ S. 67).

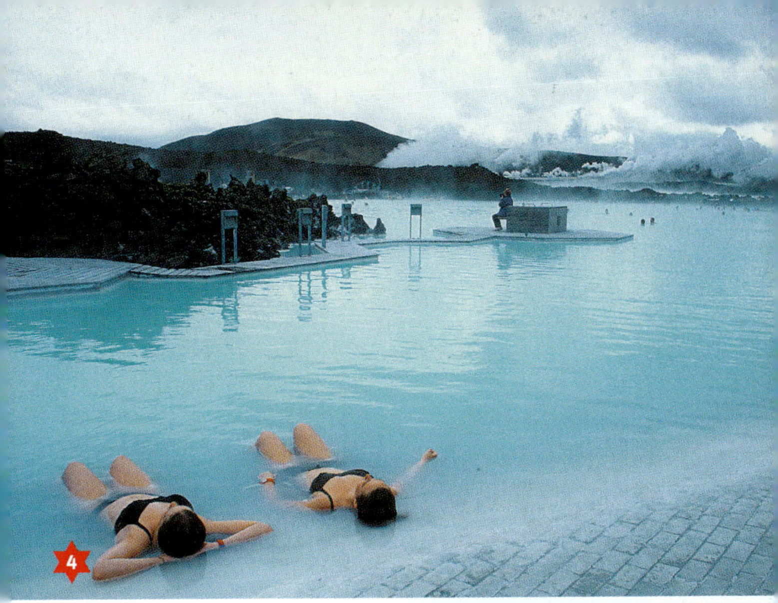

7 **Jökulsárlón**
Im Boot zwischen schwimmenden Eisbergen. Am Strand vor der Lagune stranden die schmelzenden Reste (▸ S. 29, 68, 69).

8 **Walsafari vor Húsavík**
Die sanften Riesen sind zum Greifen nah, und nach der Bootstour geht‘s ins spannende Walmuseum (▸ S. 31, 85).

9 **Látrabjarg**
Die schroffe Westspitze Europas wird im Sommer von unzähligen Vögeln umschwirrt und besiedelt (▸ S. 107, 126).

10 **Mývatn**
Vulkanische Landschaft rund um den großen See, wo Millionen Vögel und die Weihnachtstrolle leben (▸ S. 73, 122).

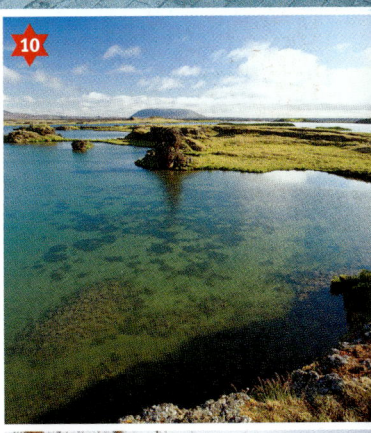

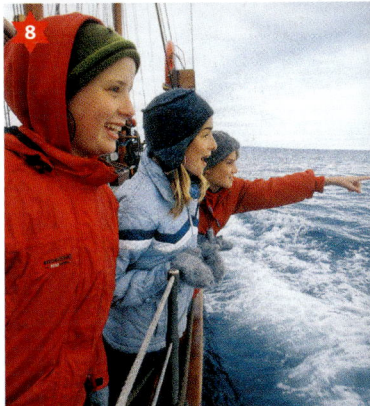

MERIAN-Tipps
Mit MERIAN mehr erleben.
Nehmen Sie teil am Leben des Landes und entdecken Sie Island, wie es nur Einheimische kennen.

 Mitten unter Schafen
Beim Schafabtrieb »Rettir« dabei sein, hoch zu Ross, und dann mitten unter den Tieren beim Sortieren helfen (▸ S. 25).

 Harpa, Reykjavík
Architektonisch und akustisch ein neues Highlight in der Hauptstadt – und immer einen Besuch wert (▸ S. 38).

 Nightlife in Reykjavík
Freitagabend beim »Runtur« sich durch die Lokale treiben lassen und auf gesprächige Isländer treffen (▸ S. 40).

 Schnorcheln zwischen den Kontinenten
Warm eingepackt tauchen oder schnorcheln in der Silfra-Spalte oder in Flüssen (▸ S. 42).

 Adventszeit
Unter Nordlichtern über duftende Weihnachtsmärkte schlendern – etwa in Hafnarfjörður (▸ S. 51).

 Skógasafn, Skógar
Heimatmuseum mit der größten Sammlung zum isländischen Alltag vergangener Jahrhunderte (▸ S. 56).

7 Vulkane auf der Leinwand
Live bei der Eruption sind die wenigsten dabei, doch eindrucksvolle Filme bringen alle Vulkane ganz nah heran (▸ S. 63).

8 Hinauf auf den Gletscher
Die Eismassen hautnah erleben und erobern – frühlingshaft schneereich ebenso wie herbstlich angetaut (▸ S. 66).

9 Lystigarðurinn (Botanischer Garten), Akureyri
Alle Pflanzen der Insel auf einem Fleck – eine Oase mit Einheimischen, jeden Monat wieder anders (▸ S. 90).

10 Eis-Essen
Was Isländer zu jeder Jahreszeit genießen, am liebsten mit Karamell oder Lakritze (▸ S. 93).

Gletscher und auf dem Wasser treibende
Eisberge: Eine Tour auf der Gletscherlagune Jökulsárlón (▶ S. 69) ist ein
einzigartiges Naturschauspiel.

Zu Gast **in Island**

Das Land knapp unter dem Polarkreis lädt förmlich zum Entdecken und Erobern ein – mit faszinierender Landschaft und Naturschauspielen, Kultur und einem breiten Spektrum an Freizeitaktivitäten.

Übernachten Die Auswahl an Unterkünften
ist vielfältig und reicht von der einfachen Wanderhütte über
behagliche Gästehäuser bis hin zum Luxushotel. Manch
einer ist da versucht, das ganze Spektrum kennenzulernen.

◄ Etliche Hotels und Pensionen bieten ihren Gästen einen eigenen Hot Pot.

Pauschal buchen lohnt in Island: Die Preise einzelner Zimmer mit Frühstück liegen in der Regel höher als in den Paketen der Reiseveranstalter. Mehrtagesrabatte hingegen lohnen nur selten, da der Großteil der Touristen quer durchs Land reist – allerdings kann bis zu 20 % sparen, wer stets in Hotels derselben Kette einkehrt und vor der Reise bucht. Mindestens ein ganzjährig geöffnetes Hotel oder Gästehaus (»gistíhúsið«, »gistíheimili«) findet sich in beinahe jedem Ort. Sehr kleine Orte bieten als Variante oft Zimmer von privat oder auf Bauernhöfen (»bændaþjónusta«). Bei Wanderungen oder Abstechern ins Hochland, in entlegene Gebiete oder in den überfüllten Sommermonaten bleiben meist nur **Jugendherbergen** (»farfuglaheimili«, www.hostel.is), **Zeltplätze** (»tjaldstæði«), teils mit Rabattkarte (www.campingcard.is), die häufig auch kleine Hütten vermieten, oder **Wanderhütten** (www.univist.is).

Übrigens: Selbst schlichte Unterkünfte sind in der Regel sehr sauber. Außerhalb der Hauptsaison sinken die Preise um etwa ein Drittel, viele Gästehäuser und Kleinhotels schließen dann auch.

Mehr Hotels im Sommer

Islands Fremdenverkehrsamt vergibt einen bis fünf Sterne, um Ausstattung und Komfort der Hotels zu klassifizieren – zu erkennen am rotblauen Symbol am Eingang. Der Großteil der Häuser bietet mittleren Standard mit WC und Dusche im Zimmer. Ab vier Sternen sind die Räumlichkeiten etwas gehobener ausgestattet. Einige durchaus unterschiedliche Hotels haben sich zu kleineren Ketten zusammengetan, als internationale Ketten sind nur Hilton und Radisson SAS im Land. Die **Icelandair-Hotels** (www.icehotels.is) sind oft bei Angebotspaketen der Fluglinie dabei und haben drei bis vier Sterne. **KEAHotels** haben zwei bis vier Sterne und variieren entsprechend im Preis (www.keahotels.is). Die schlichteren **Fosshótels** liegen entlang der Ringstraße, nur ein Teil ist das ganze Jahr über geöffnet (www.fosshotels.is). Ebenfalls nur im Sommer geöffnet sind die **Edda-Hotels**, meist umfunktionierte Schulinternate (www.hoteledda.is). Einige kleinere **Privathotels** bieten ihre Dienste über ein gemeinsames Buchungsportal (www.allseasonhotels.is) an.

Alternativ oder privat

Preiswerter und weiter verbreitet sind Gästehäuser, die durchaus unterschiedlich ausgestattet sind. Gemeinsam treten die **Inns of Iceland** (www.inns-of-iceland.com) auf, andere finden sich über das Fremdenverkehrsamt. Immer beliebter wird Übernachten auf dem **Bauernhof**, das Spektrum reicht vom einfachen Schlafsackplatz bis zum gehobenen Apartment. Angebote findet man auf den folgenden Internetseiten: www farmholidays.is und www. heimur.is/world.

Empfehlenswerte Hotels und andere Unterkünfte finden Sie bei den Orten im Kapitel ▶ **Unterwegs in Island.**

Preise für ein Doppelzimmer mit Frühstück:

€€€€ ab 40 000 ISK	€€ ab 13 000 ISK
€€€ ab 24 000 ISK	€ bis 13 000 ISK

Essen und Trinken

Islands Küche war einst vom Haltbarmachen bestimmt: Fisch und Fleisch mussten gut konserviert durch den Winter kommen. Heute werden traditionelle Zutaten mit frischem Pfiff zubereitet.

◄ In der quirligen Hauptstadt laden viele Cafés zu einer Verschnaufpause ein.

Kein Besucher verlässt Island, ohne von den alten Spezialitäten gehört – und sie vielleicht probiert zu haben. Ein bisschen Neugier und Schaudern schwingt mit, dazu das erleichternde Wissen, dass man sich heute glücklicherweise nicht mehr davon ernähren muss: von »vergammeltem« Hai, versengten Schafsköpfen, Walfleisch und Papageitaucher-Filets. Zur Not lässt sich der Geschmack mit frischen Zutaten oder modernem Fast Food schnell überdecken. So haben einige Restaurants die guten alten Speisen wieder auf der Karte stehen – und mancher Tourist zeigt sich neugieriger und mutiger als die Einheimischen.

Nahrhaftes aus dem Meer

Trocken- oder Stockfisch hingegen knabbern die meisten Isländer wirklich gern, besonders als kleine krosse Eiweiß-Snacks frisch aus der Tüte. Dieser »**Harðfiskur**« müffelt ein wenig, doch daran sind sie seit frühester Kindheit gewöhnt, so wie Chinesen an Hühnerfüße und Hessen an ihren Handkäs. Ihn herzustellen ist einfach: Frischer Fisch wird gesäubert und ohne Köpfe auf hölzernen Gestellen getrocknet, wochenlang in Sonne und Wind. Auf den Westmännerinseln hängte man ihn dazu hoch an die Felswände. Trocken gelagert halten sich die harten Filets jahrelang. Am leckersten soll Schellfisch sein. Je weißer, desto milder schmeckt er – gut gekaut, mit Butter bestrichen, in kleinen Scheibchen auf dem Roggenbrot oder in Wasser gekocht als Fischsuppe.

Auch aus dem Meer stammen Krabben und Langusten – oft Hummer genannt – und frischer Dorsch, Schellfisch und Heilbutt, von den Restaurants in allen Varianten zubereitet. Hering, einst der Exportschlager Islands, ist heute selten geworden. Aus dem Süßwasser kommen Forelle und Lachs, je nach Saison frisch oder geräuchert und gebeizt. Dabei gilt Forelle vom Mývatn-See als besonders schmackhaft: Sie wird ganz traditionell über Schafdung geräuchert.

Der Gammelhai »**Hákarl**« ist erstens eine Namensverwechslung – »gamall« heißt schlicht »alt« – und zweitens eine Meisterleistung des Konservierens. Schließlich mussten die Isländer jahrhundertelang die Lebensmittel, die sie der Natur entrungen hatten, irgendwie über die langen Winter bringen. Sie vergruben Fässer mit klein geschnittenem Grönlandhai, der eigentlich ungenießbar ist, einige Monate im Boden. Dabei fermentiert er, das stinkende, schädliche Ammoniak entweicht, und das Fleisch wird zart wie Leberwurst. Gekaut und mit einem ordentlichen »**Brennivín**« heruntergespült, soll der Hai mit seinem scharfen Geschmack das Hirn durchpusten.

Von der Weide

Ähnlich traditionell und weitverbreitet sind Schafe auf der Speisekarte, meist als Lamm- oder Hammelbraten. Kühe hielt man lange vor allem als Milchlieferanten. Zu Weihnachten und anderen Festessen wird mit Vorliebe »**Hangikjöt**« verzehrt, geräuchertes, gepökeltes und gut abgehangenes Lammfleisch, am besten mit Erbsen, Karamellkartof-

Kabeljau oder Schellfisch, der im Winter zum Trocknen auf Holzgestelle gehängt wird, ist die Grundlage der Delikatesse »Harðfiskur« (Trocken- oder Stockfisch).

feln und einer weißen Spezialsauce – das Rezept soll eine Tochter von ihrer Mutter erst bekommen, wenn sie selbst eine Familie hat. »**Saltkjöt**«, die gepökelte Lammfleischvariante, schmeckt ebenso gut kalt wie warm und wird gerne mit Steckrüben gereicht. Beliebt sind auch »**Slátur**«, Blut- oder Leberwürste, die zur herbstlichen Schlachtzeit entstehen und zu Kartoffelpüree passen. Überhaupt lieben Isländer ihre Kartoffeln in jeder Form.

Eher gewöhnungsbedürftig schmecken »**Hrútspungar**«, Widderhoden, mithilfe von Molke konserviert. Und das wohl traditionellste Fleischgericht sind die versengten Schafsköpfe, »**Svið**«. Die Köpfe werden halbiert, am Feuer gesengt, in Salzwasser gekocht und dann im Ofen überbacken. Sie sollen durchaus delikat sein.

Gemeinsam mit dem Hai und Fleisch von Pferden, Walen und Papageitauchern gehören sie zur gedeckten Tafel des »**Þorrablót**«. So heißt das Opferfest der Wikinger, die einst im Januar oder Februar schon einmal feierten, dass die Vorräte den Winter lang ausgereicht hatten. Heute ist das Datum ein beliebter Anlass für genussvolles Feiern, vor allem im Freundes- und Familienkreis.

Im Nordosten des Landes bereichert Rentier den Teller. Ursprünglich waren die staksigen Geweihträger als Geschenk aus Norwegen gesandt, doch fanden sie keinen Anklang und entschwanden in die Wildnis. Heute bewerben sich jeden Herbst Menschen aus dem ganzen Land, um je ein Tier erlegen zu dürfen. Ebenfalls stark eingeschränkt ist die einst weitverbreitete Jagd auf Papageitaucher, Lundi, und ihre Eier. Nur für kurze

Zeit darf man sie fangen– auf traditionelle Weise, am Felsen hängend und große Netze schwingend. Das Fleisch der Vögel gilt wie Walfleisch als rare – und moralisch umstrittene – Delikatesse.

Sterneköche »mit allem«

Isländer gehen sehr gerne essen, vor allem in Reykjavík ist die Auswahl der Restaurants überwältigend. Seit einigen Jahren steht das Land auch bei Feinschmeckern auf dem Plan – junge Spitzenköche mit innovativen Gerichten haben sich einen Namen gemacht. Sie kreierten die »Nordic Cuisine« und kombinieren traditionelle Zutaten samt Wild und Beeren, Moosflechten und Algen zu frischen Schäumen und Häppchen.

Für das Wochenende sollte man im Restaurant seiner Wahl rechtzeitig reservieren – mehrgängiges Schmausen ist dann sehr beliebt. Günstiger gibt es leckere Experimente übrigens manchmal als Tagesgericht – »Dagsréttur« –, und natürlich bieten die meisten Orte das ganze Normalspektrum von Pizzeria bis zur Sushi-Bar. Kinder essen meist für die Hälfte und kleine Kinder manchmal gratis.

Mit Vorliebe verspeisen Isländer übrigens ihre Variante der Hotdogs, die es an jeder Tankstelle gibt: **pylsur**. Das Würstchen im Weißbrötchen gibt es »mit allem«, also mit mehreren Saucen und Röstzwiebeln. Nur im Norden kommt Rotkraut dazu. Die beliebteste »pylsur«-Quelle in Reykjavík nennt sich »Bæjarins Beztu« am Rande der Altstadt – dort bilden sich täglich lange Schlangen von Einheimischen. Aber auch von Touristen, die gehört haben, dass sogar Bill Clinton und die Band Metallica dort schon ein »með öllu« (ein Hotdog mit allem) verspeisten.

Gerne sehr süß

Zum Trinken stehen seit alten Zeiten Milch und Sauermilch, »Súrmjólk«, hoch im Kurs. Gelöffelt wird gern »Skyr«, eine Art weicher Quark, der Joghurt ersetzt und häufig auch mit Obst oder Karamell verfeinert ist. Die Molke des Quarks, »Mysa«, dient zum Kochen, als Frischgetränk oder wird zum süßen Brotaufstrich »Mýsingur«.

Nachmittags lieben Isländer Kuchen, Schmalzgebäck und Kekse aller Art, bevorzugt mit Zucker, Schokolade oder sehr süßer Glasur überzogen. Offenbar haben sie lange zuckerlose Zeiten nachzuholen – Karamell ist wohl die Lieblingsgeschmacksrichtung im Lande. Das Nationalgetränk ist definitiv Kaffee, zu jeder Tageszeit und im Café meist mit freiem Nachschenken. Auch abends gönnen sie sich gerne noch eine Koffeindosis, den »Kvöldkaffi«.

Oder Hochprozentiges wie den Kartoffelschnaps »Brennivín« – die bekannteste Marke heißt »Schwarzer Tod«. Wein ist naturgemäß teuer, weil importiert, anders als Bier. Das feiert man begeistert an jedem ersten März – seit jenem Tag im Jahr 1989 ist der Bierausschank in Island wieder legal. Übrigens gibt es in Island keine Sperrstunde. Die meisten Lokale schließen einfach, wenn der letzte Gast geht.

Empfehlenswerte Restaurants finden Sie bei den Orten im Kapitel ▶ **Unterwegs in Island.**

Preise für ein dreigängiges Menü:

€€€€ ab 9000 ISK	€€ ab 2500 ISK
€€€ ab 5000 ISK	€ bis 2500 ISK

grüner
reisen

Wer zu Hause umweltbewusst lebt, möchte dies vielleicht auch im Urlaub tun. Mit unseren Empfehlungen im Kapitel grüner reisen wollen wir Ihnen helfen, Ihre »grünen« Ideale an Ihrem Urlaubsort zu verwirklichen und Menschen zu unterstützen, denen ein verantwortungsvoller Umgang mit der Natur am Herzen liegt.

Die Kraft der Natur: beeindruckend grün

Natur, mehr Natur, Island: 130 Vulkane, unzählige Wasserfälle und extreme, urige Landschaften locken auf die Insel. Dieselbe Natur war jahrhundertelang vor allem erschreckend – kalt, karg und von tödlichen Vulkanausbrüchen betroffen. Heute lässt sie sich genießen, obendrein mit gutem Gewissen. Denn heiße Erde und wasserreiche Flüsse liefern »saubere« Energie: Fast 100 % des elektrischen Stroms kommen aus Geothermie und Wasserkraft. Heißer Dampf direkt aus dem Boden wärmt Gewächshäuser und Heizkörper und hält im Winter Flughäfen und manche Straße eisfrei.

Im Verkehr ist jedoch noch Erdöl im Einsatz, treibt die – auf dem Land unverzichtbaren – Autos und die Fischereiflotte an. Bis 2050 sollen sie komplett mit Wasserstoff- und Elektromotoren arbeiten. Doch ein Umweltbewusstsein der Isländer musste trotz allgegenwärtiger Natur erst wachsen: So entstand mitten im fragilen Hochland-Ökosystem der Stausee Káhrahnjúkar, ebenfalls umstritten sind die Aluminiumindustrie und der Walfang. Es ist dem frühen Widerstand Einzelner zu verdanken, dass das Wasser des Gullfoss nicht abgegraben wurde, sondern noch heute in voller Pracht in die Schlucht hinabstürzt.

ÜBERNACHTEN

Hótel Eldhestar 🏨 ▸ S. 151, D 11

Das Öko-Hotel, das zum Reiterhof Eld-hestar – den »Feuerpferden« – gehört, bekam 2002 als erstes in Island das Ökolabel »Nordic Swan«. In Vellir, 30 Min. südöstlich der Hauptstadt, liegt es mitten zwischen Küste und Bergen. Hier können sich die Kinder ans Reiten herantasten, während die Eltern eine Runde Golf spielen. Andere nehmen das Hotel als Ausgangspunkt für mehrtägige Reit- oder Wandertouren. Hveragerði, Völlum • Tel. 4 80 48 00 • www.eldhestar.is • 26 Zimmer • ♿ • €€

Hótel Hellnar ▸ S. 150, A 9

Beste Sicht auf den magischen Gipfel des Snæfellsjökull wie auch auf die Faxaflói-Bucht bietet dieses Öko-Hotel, 2 1/2 Std. nordwestlich von Reykjavík gelegen. Als erstes Haus in Europa erhielt es das Biolabel »Green Globe«, neben zahlreichen anderen Umweltpreisen. Hier liegt der Nationalpark für Wander-, Reit- und Gletschertouren ebenso nahe wie die Küste, an der oft Orca-Wale auftauchen. Gebaut ist das Hotel aus besonders umweltfreundlichen Materialien. Die Zutaten der leckeren Speisen und Getränke im Restaurant stammen aus biologischem Anbau. Snæfellsbær • Tel. 4 35 68 20 • www.hellnar.is • 10. Mai–15. Sept. geöffnet • 30 Zimmer • ♿ • €€

Hótel Náttúra/Hot Springs Hotel 🏨 ▸ S. 151, D 11

Ganz nah am »Golden Circle«, im Geothermalgebiet Hveragerði, liegt ein Sommerhotel mit Wellness- und Luxusfaktor: Das »Náttúra« oder »Hot Springs Hotel« ist außerhalb der Saison eine Wellnessklinik. Sommergäste profitieren von den Spa- und Fitness-Einrichtungen und der vielfältigen Badelandschaft – selbst in der untersten Preiskategorie. Das Hausrestaurant glänzt mit üppigem Frühstücksbuffet und abends mit dem Motto »Slow Food«, samt Zutaten aus dem eigenen Bio-Gewächshaus. Hveragerði, Grænamörk 10 • Tel. 4 83 03 00 • www.hotspringshotel.is • 122 Zimmer, 2 Suiten, 3 Apartments • 20. Juni–20. Aug. geöffnet • ♿ • €€

ESSEN UND TRINKEN

Dill Restaurant & Kaffi Hvönn
▸ Klappe hinten, b 5

Traditionelle isländische Zutaten werden zum Gaumenschmaus – Koch Gunnar Karl Gíslason und Sommelier Ólafur Örn Ólafsson veredeln alte Rezepte zu moderner Nordic Cuisine. Mittags ist die Atmosphäre zwanglos, abends sollte man sich in Schale werfen und reservieren. Und eins der überraschenden Mehrgänge-Menüs probieren. Das Restaurant im »Norræna húsið«, dem Nordischen Haus, nutzt dafür manche Zutat aus dem eigenen Garten. Reykjavík, Sturlugötu 5 • Tel. 5 52 15 52 • www.dillrestaurant.is • tgl. 11.30–14, Mi–Sa 19–22 Uhr • €€€

Bakkabrim ▸ S. 151, D 11

Ein rohes Holzhaus an der Brücke von Eyrarbakki, knapp 1 Std. südöstlich von Reykjavík, entpuppt sich als Geheimtipp. Hier bieten Arna Osp Magnúsdóttir und David Kelley urige Gemütlichkeit mit Blick aufs Meer. Dazu gibt es frisch zubereitete Biokost, selbst gebackenen Kuchen – und Geschichten aus der Region. Eyrarbakki, Hafnarbru • Tel. 6 94 57 08 • www.bakkabrim.is • tgl. 10–18 Uhr • €€

Kaffitár

▶ Klappe hinten, c 2

Kaffee von der Kette gibt es in Reykjavík bei »Kaffitár«. 1990 eröffnete die erste Filiale mit dem Ziel, den kaffeeliebenden Isländern auch die Barista-Kultur nahezubringen – mit fair gehandelten und selbst gerösteten Bio-Bohnen. Heute gibt es acht Kaffitár-Cafés in der Hauptstadt, das vielleicht schönste mit mexikanischem Flair liegt in der Altstadt. Die Kette hat beinahe Kultstatus.

Reykjavík, Bankastræti 8 • Tel. 5 11 45 40 • www.kaffitar.is • Mo–So 7.30–18, So 10–17 Uhr • €

EINKAUFEN

Gallerí Ískelda

▶ S. 148, B 6

Als altes Volk der Fischer haben Islands Designer das Fischleder als Material entdeckt. Ökologisch korrekt nutzen sie die schuppigen Häute, die bei der Fischverarbeitung übrig bleiben. Zu Leder gegerbt, entstehen daraus Taschen, Schuhe oder andere robuste Accessoires. Dabei liefert der Seewolf ein glattes, geflecktes Leder, Lachs ist fein und elegant, Kabeljau hingegen hat raue und glatte Flächen. Produkte daraus wie auch aus Wolle der Region gibt es etwa in der Húsavíker Galerie »Ískelda«.

Húsavík, Garðarsbraut 17 • www.iskelda.is

Móðir Jörð

»Mutter Erde«, eine Marke aus Ostisland, steht heute in Supermärkten im ganzen Land und vor allem für eines: Gerste. Einst Grundnahrungsmittel der ersten Siedler im 9. Jh., diente das Getreide lange nur noch als Viehfutter. Bis Eymundur Magnússon vom Biohof Vallanes bei Egilstaðir es fast im Alleingang wieder auf Islands Teller zurückbrachte. Doch auch »Mutter Erdes« leckere Kekse, Nudeln oder Chutneys sind ungewöhnliche, aber beliebte Mitbringsel.

Egilsstaðir • www.vallanes.net

Solheimar

▶ S. 151, E 11

In Island sind viele Souvenirs »grün« – doch in Solheimar nahe Selfoss atmet das ganze Umfeld ökologisch-künstlerische Atmosphäre. Rund 100 Menschen leben und arbeiten in dem Dorf, das Sesselja Sigmundsdóttir 1930 als Behindertenwerkstatt gründete. Hier lassen sich die Künstler und Handwerker über die Schulter gucken, etwa beim Weben, Spielzeugbauen oder Kerzenziehen. Doch auch ein Skulpturengarten und Umweltzentrum, Kunstausstellungen und zahlreiche Feste laden zum Bleiben. Gästezimmer sind vorhanden.

www.solheimar.is • Termine und Öffnungszeiten variieren, im Winter meist nur nachmittags

AKTIVITÄTEN

Elding Walsafari 👤👤

▶ Klappe hinten, a 2

Wale beobachten ist umweltfreundlicher, als sie zu jagen. Noch einen Schritt weiter geht der Walsafari-Veranstalter Elding mit Basis in Reykjavíks altem Hafen: Sein Hauptboot, die »Elding«, besitzt als Hilfsmotor eine Wasserstoff-Brennstoffzelle für Licht, Strom und Navigation. So kann der Kapitän den geräuschvollen Hauptmotor abschalten, sobald die Wale erreicht sind. Auch sonst achtet die Firma die Umweltstandards. Walsafaris und Hochseeangeln finden das ganze Jahr über statt, im Sommer kommen Papageitaucher-Touren hinzu.

Reykjavík, Ægisgarður 7 • Tel. 5 55 35 65 • www.elding.is • Tour 8000 ISK, Kinder 3500 ISK

Im Dill Restaurant (▶ S. 19) schwingen Koch Gunnar Karl Gíslason und Sommelier Ólafur Örn Ólafsson das Zepter. Die kreative Nordic Cuisine findet großen Anklang.

Kolviður – Iceland Carbon Fund

Wer Island individuell bereist, kommt um ein Auto selten herum. Doch auch Touristen können mithelfen, Island bald CO_2-neutral zu bekommen: Die Organisation Kolviður pflanzt dafür in Südisland einen neuen Wald, denn Bäume können den nicht vermeidbaren CO_2-Ausstoß neutralisieren. Ein Rechen- und Bezahlformular findet sich auf der Website von Kolviður.

Der Name stammt übrigens von einem der frühen Siedler – zu seiner Zeit war noch ein Drittel Islands von Wald bedeckt.

www.kolvidur.is/English/Calculator/Individuals

Suðureyri 🍴👤   ▶ S. 146, B 2

Hoch im Nordwesten hat sich ein traditionelles Fischerdorf der ökologischen Nachhaltigkeit verschrieben. Suðureyri ist per Tunnel nur 20 Min. vom Westfjord-Zentrum Isafjörður entfernt, war aber jahrhundertelang wegen hoher Berge wie abgeschnitten. Hier dürfen die Gäste die Fischer aufs Meer und in die Fischfabrik begleiten oder den eigenen Fang abends im Restaurant Talisman zubereiten lassen. Hier entstand auch die Kleidungsmarke 66°, direkt am 66. Breitengrad. Und wer länger bleiben will, übernachtet im Fischer-Hotel oder einem Sommerhaus im Dorf – nach einem entspannenden Bad im Hot Tub am Meer.

Suðureyri • Tel. 4 50 90 00 • www.sudureyri.is, www.fisherman.is

Ein Verzeichnis umweltfreundlicher Unternehmen und Marken liefert – samt interaktiver Karte und auf Deutsch – das Netzwerk Náttúran: www.natur.is/graenarsidur.

Einkaufen Traditionelles Kunsthandwerk –
besonders Handgestricktes aus Wolle – und modernes
Design sind beliebte Souvenirs. Aber auch geräucherter
Lachs und Trockenfisch sind begehrte Mitbringsel.

◄ Taschen aus Fischleder, in allen Formen und Farben, liegen im Trend.

Seit der Finanzkrise ist das Einkaufen in Island günstiger geworden, weil einheimische Produkte teure Importe ersetzt haben. Beinahe jeder Ort hat ein Lädchen für den täglichen Bedarf, am günstigsten sind Discounter wie Bónus und Krónan. Je abgelegener oder touristischer ein Ort, desto höher die Preise.

Wolle und Mode

Die meisten Mitbringsel haben gemeinsam, dass auch Isländer sie kaufen würden: allen voran Strickpullover (»lopapeysa«) mit klassischem Rundmuster oder passende Mützen, Schals und Jacken. Im Alltag sieht man sie auch an Bauern und Fischern – wer selbst stricken möchte, findet Wolle und mehrsprachige Anleitungen im Internet oder in Wollgeschäften (Strickverband Handprjónasamband Íslands, www.handknit.is).
Beliebt sind auch kuschelige Schaffelle oder die wetterfeste und doch modische Outdoor-Kleidung von der Insel: Läden der heimischen Marken 66° North (www.66north.com), Cintamani (www.cintamani.is) und Zo-on (http://zo-on.is) finden sich übers ganze Land verteilt. Auch exquisite Stücke sind im modebegeisterten Island günstig zu haben: Junge Designer experimentieren mit neuen Formen und Materialien – sogar Fischleder wird inzwischen für Kleidungsstücke verwendet. Internationale Modelabel sind nicht nur in kleineren Boutiquen wie Kron und Flex oder dem Designerzentrum Kraum in Reykjavík (www.kraum.is) vertre-

ten. Teures wird für viele Touristen auch deshalb interessant, weil sie die Steuer zurückbekommen können. Besonders günstig ist Kleidung beim Ausverkauf (»útsala«) zu haben oder an dem großen Flohmarkt Kolarportið am Reykjavíker Hafen (Tryggvagötn, www.kolaportid.is, Sa und So 11–17 Uhr).

Kunsthandwerk und Fisch

Als Souvenir beliebt sind auch Goldschmiedearbeiten im Wikingerstil sowie Glaswaren und Keramik: typisch isländisch die Lava-Keramik – manche Töpfer sind wahre Künstler, Massenfertigung ist eher selten. Wer nicht unterwegs auf eins der Ateliers stößt, findet eine gute Auswahl in Kunsthandwerker-Kooperativen oder in Shops, die den regionalen Tourismusämtern angegliedert sind. Auch zu empfehlen: Kosmetik aus Lagunenschlamm und Vulkanmineralien oder der berühmt-berüchtigte Trockenfisch. Geräucherter Lachs und Forellen werden für die Reise vakuumverpackt.
Optische Erinnerungen bieten reich illustrierte Bildbände oder Sagas und Trollgeschichten, viele sind auch auf Deutsch zu haben. Videos machen zu Hause die Naturgewalten lebendig. CDs mit isländischer Musik gibt es nicht nur von der Sängerin Björk. Kleine Mitbringsel wie Trollfiguren oder Papageitaucher-Anhänger kauft man besser unterwegs und handgearbeitet statt auf dem Flughafen aus Plastik. Und echte Vulkanasche im Glasfläschchen ist selbst eingesammelt auch günstiger.

Empfehlenswerte Geschäfte und Märkte finden Sie bei den Orten im Kapitel
► **Unterwegs in Island.**

Feste und Events
Die meisten Feste finden in den Sommermonaten Juli und August statt. Isländer lieben Open-Air-Veranstaltungen, sodass die Auswahl schwerfällt. Auch das Ende des Winters wird gebührend gefeiert.

◀ Jährlich im Herbst findet der Schafabtrieb Rettir (▶ MERIAN-Tipp, S. 25) statt.

JANUAR
Þorrablót

Isländer feiern das Ende der getrockneten Wintervorräte und »vernichten« die Reste beim Fest mit Verwandten und Freunden: Trockenfisch ebenso wie »Hákarl« oder Lammköpfe. Restaurants stehen nicht nach, kleine Orte feiern oft öffentlich.
Ende Januar–Ende Februar • www.foodandfun.is

FEBRUAR
Vetrarhatið, Reykjavík

Beim »Winter Lights Festival« zelebriert die Hauptstadt ein Wochenende lang die Rückkehr der Sonne, mit gratis Theater, Konzerten und Straßenkunst. Freitag öffnen die Museen zur Museumsnacht und Samstag viele Künstler ihre Ateliers.
Mitte–Ende Februar • www.vetrarhatid.is

APRIL
Sumardagurinn fyrsti 👥

Der erste Sommertag und damit das endgültige Ende des Winters wird bunt und ausgelassen gefeiert, mit Festumzügen und viel Musik.
Dritter Donnerstag im April

JUNI
Hátíð hafsins (Festival des Meeres) 👥

In jedem noch so kleinen Hafen wird das Meer gefeiert. Schiffe liegen geschmückt vor Anker, dazu locken Aktivitäten und Leckereien. Sonntags wird der ertrunkenen Fischer und Seeleute gedacht.
Erstes Wochenende im Juni • www.hatidhafsins.is

Lýðveldisdagurinn (Nationalfeiertag)

Seine Unabhängigkeit zelebriert Island alljährlich am 17. Juni – dem Geburtstag von Jon Sigurdsson, Anführer der 1944 endlich erfolgreichen Eigenständigkeit. Im ganzen Land finden Paraden statt, die größten vor dem Parlament in Reykjavík.
17. Juni

JULI UND AUGUST
Open-Air-Festivals

Open-Air-Festivals finden im ganzen Land statt. Überblick geben die Fremdenverkehrsämter und Webseiten.
www.musik.is/dofine.html

DEZEMBER
Aðventa (Advent)

Im dunklen isländischen Winter wirkt Weihnachtsbeleuchtung besonders hell. Am ersten Advent erstrahlt in Reykjavík feierlich der traditionell norwegische Christbaum, dazu locken die 13 Weihnachtstrolle.
Ab Ende November

MERIAN-Tipp 1

RETTIR 👥

Zum Herbst werden die Schafe und Pferde aus den Bergen geholt – zum »Rettir« zieht es auch Städter aufs Land, um reitend oder motorisiert die verstreuten Tiere einzusammeln. Nach dem Abtrieb folgt das Sortieren in speziellen Mauerringen – auch mutige Touristen dürfen dabei mitmachen. Meist an den Wochenenden, aktuelle Termine im Tourismusamt erfragen.
Wochenenden im September

Sport und Strände

Islands Natur bietet viele Möglichkeiten für einen Aktivurlaub, allem voran das Wandern. Auch die Strände eignen sich zum Spazierengehen, gebadet wird in warmen Quellen.

◄ Die robusten Islandpferde eignen sich auch für Ausritte in unwegsames Gelände.

Aktivurlaub ist für viele Island-Touristen ein Hauptreisegrund, schließlich kommt man so der spektakulären Landschaft am nächsten. Isländer selbst sind sportbegeistert, und **Golf** ist seit einiger Zeit ein beliebtes Hobby, selbst für Kinder. So gut wie jeder im Land kann reiten – die robusten Islandpferde machen es auch Anfängern leicht. Im Norden locken im Winter kleine **Skigebiete**, verbreiteter sind aber Aktivtouren auf **Gletschereis**: zu Fuß, mit Schneemobil oder sogar dem Hundeschlitten. An den Fjordküsten lässt es sich gut paddeln, im Inland sind auch rasante **Wildwassertouren** oder Rafting möglich. Favorit ist aber das Wandern: Das Spektrum reicht von langen Spaziergängen in nahezu unberührter Landschaft über **Vulkanwanderungen** bis hin zu mehrtägigen **Trekkingtouren**.

ANGELN

Zum Hochseeangeln an den Küsten nehmen kleine Boote von Mai bis August Touristen an Bord. Angellizenzen (»veiðileyfi«) an den sehr sauberen Flüssen und Seen sind besonders für das Lachsfischen teuer und lange im Voraus zu organisieren. Forellenangeln ist günstiger, Lizenzen gibt es auch an Tankstellen oder Höfen in Gewässernähe, für Kinder kostenlos. Die Hauptsaison schwankt zwischen Mai und September, im Winter wird Eisangeln immer beliebter. Eine eigene Ausrüstung darf nur desinfiziert eingeführt werden.
Information gibt es landesweit über den »Landssamband Veiðifélaga« (www.angling.is).

GOLF

Mehr als 60 Golfplätze bieten atemberaubende Ausblicke auf Gletscher, Lavafelder oder Fjordküsten (www.golficeland.org). Das Green auf den Westmänner-Inseln liegt sogar mitten im Vulkankrater (www.gvgolf.is). Drei Viertel sind 9-Loch-Plätze, für Touristen gibt es günstige Tagestickets, besonders reizvoll spielt es sich unter der Mitternachtssonne.

RAD FAHREN

In Island lässt es sich gut radeln, mit entsprechender Ausrüstung sogar quer durchs Hochland. Den besten Überblick über Touren, Ausrüster und Straßen-Infos gibt das Onlineportal »Biking Iceland« (www.bikingiceland.com). So empfehlen sich etwa der »Golden Circle«, die Westmänner-Inseln und Stadtführungen in Reykjavík (www.icelandbike.com). Überlandbusse nehmen Räder für 7 bis 10 € mit, solange Platz ist – in der Hochsaison am BSÍ in Reykjavík per Radticket reservieren. Dort und bei Radläden und Hotels sind Räder ab 20 € pro Tag auch zu mieten.

REITEN

Die stämmigen Islandpferdchen sind auch für Anfänger geeignet und tragen Touristen mit ihrem speziellen Gang in Regionen, die sie anders kaum erreichen würden.

WUSSTEN SIE, DASS ...

... alle Islandpferde von den Rössern der Wikinger abstammen? Einmal exportiert, darf ein Islandpferd nie wieder zurück – zu groß ist die Gefahr, eine Seuche auf die Insel zu tragen.

Organisierte Touren dauern wenige Stunden bis Tage (ab 80 € pro Tag). Beliebt sind auch Reiterferien auf dem Bauernhof. Wer sattelfest ist, kann auch spontan ein Reittier leihen: auf Schilder (»hestarleigar«) am Straßenrand achten (ab 15 €/Std.).
www.islanderlebnis.de/island-reiten
www.farmholidays.is

BESONDERE TOUREN
Íshestar

»Eispferde«, der wohl älteste Anbieter von Pferdeferien, arbeitet mit kleinen Reiterhöfen im ganzen Land. Gäste für Hochlandritte werden auch direkt am Flughafen abgeholt.
Hafnarfjörður, Sörlaskeið 26 • Tel. 5 55 70 00 • http://de.ishestar.is

Eldhestar

Rund um Reykjavík tragen die »Feuerpferde« ihre Reiter, die Farm liegt nur eine halbe Autostunde von der Hauptstadt entfernt. Auch Hochlandquerungen sind im Programm, nächtigen lässt sich im eigenen Öko-Hotel.
Hveragerði, Völlum • Tel. 4 80 48 00 • http://de.eldhestar.is

Pólar Hestar 🏇

Im Norden nahe Akureyri bietet eine Familienfarm Touren bis zum Mývatn: zu Elfenstädten, zwischen frei laufenden Rössern oder unterm Nordlicht im Schnee.
Akureyri, Grytubakki II • Tel. 4 63 31 79 • www.polarhestar.is/de

WANDERN

Viele Wanderpfade sind markiert, vor allem in Ortsnähe. Wege starten direkt an der Straße oder an Parkplätzen mit Info-Schildern. Wer im Hochland unterwegs ist, sollte gutes Kartenmaterial dabei haben (www.ferdakort.is) sowie Kompass oder GPS-Gerät, denn Flussverläufe und andere Landschaftszeichen verändern sich stetig. Wetterfeste Kleidung, Verpflegung und ein Hüttenverzeichnis sind dann sehr wichtig. Die meisten Touristen wählen Tageswanderungen oder geführte Touren. Gute Strecken empfehlen die Wanderverbände Útivist (www.utivist.is) und FI (www.fi.is/de). Nur auf Isländisch, aber sehr detailliert sind die Karten aller Wanderpfade online (www.ganga.is/kort).

WASSERSPORT

Auf dem Wasser bietet die Insel oft noch ganz neue Perspektiven, beispielsweise bei Kajaktouren auf Seen und in den ruhigen Buchten der West- und Ostfjorde. Wildwasser- und Rafting-Anbieter führen auf die wasserreichen Flüsse wie Hvíta und Jökulsá (www.kayak.is, www.ute.is, www.rafting.is, www.arcticrafting.is, www.activity.is).

WINTERSPORT/GLETSCHER-TOUREN

Skifahren und Snowboarden sind beliebt, Schlepplifte gibt es sogar nahe Reykjavík, im Skigebiet Bláfjöll. Im Norden ist die winterliche Schneedecke beständiger, am bekanntesten ist die Region Hlídarfjall bei Akureyri. Von den Städten aus fahren Skibusse, die Saison geht von Dezember bis April. Auch Eisbahnen gibt es in Reykjavík und Akureyri. Deutlich beliebter ist ganzjährig der Aktivsport auf den Gletschern, allen voran auf dem Vatnajökull, dem Mýrdalsjökull oder dem Snæfellsjökull. Zahlreiche Anbieter haben Kurztrips mit Schneemobilen im Programm, ebenso Eistouren zu

Warm eingepackt ist eine Fahrt mit dem Kanu oder Kajak (▸ S. 28) auf dem Jökulsár-lón, zwischen dahin treibenden Eisbergen, ein herrlich klirrendes Vergnügen.

Fuß. Zu den größten Veranstaltern gehören Activity (www.activity.is) und Arctic Ice (www.artic-ice.is).

STRÄNDE
WESTKÜSTE
Nauthólsvík bei Reykjavík
▸ S. 150, C 10

Der wohl einzig wahre Badestrand Islands erreicht bis zu 20 °C Wassertemperatur – weil eine heiße Quelle in den kalten Atlantik fließt. 100 km nördlich liegt Álftanes Strand mit seltenem, fast weißem Sand.

Rauðisandur, Westfjorde
▸ S. 146, A 3

»Roter Sand«, durch Muschelbänke gefärbt und einzigartig in seinem fast mediterranen Farbspiel, besonders zum Sonnenuntergang bei Latrabjarg. An dessen Nordküste und in anderen Westfjorden warten weitere helle Sandstrände.

Snæfellsnes
▸ S. 150, A 9

Auf der Halbinsel locken mehrere Strände mit Blick auf den Snæfellsjökull, vor allem Búðir mit seiner Kombination aus hellem Sand und Basaltlava und Djúpárlónssandur, mit Kiesel und Felsformationen.

SÜDKÜSTE
Jökulsárlón ⭐
▸ S. 153, D 15

An der Mündung der Gletscherlagune stranden die Eisbergreste dekorativ auf schwarzem Sand.

Reynisfjara bei Vík ▸ S. 151, F 12

Berühmter schwarzer Lavastrand mit Basalthöhlen und Blick auf Kap Dyrhólæy.

NORD- UND OSTKÜSTE
▸ S. 149, F 7/8

Einsam gelegene, kleine Strände finden sich vor allem entlang der Ostfjorde. Meist aus schwarzer Lava.

Familientipps

Kinder sind in Island immer willkommen. Vielleicht, weil sie den Elfen ähneln, an die auch Erwachsene hier noch immer gerne glauben. Reiterhöfe und Vergnügungsparks sorgen für Kurzweil.

◀ Faszinierend: Whale Watching (▶ S. 31) auf einem Ausflugsboot vor Húsavík.

Árbæjarlaug und Nauthólsvík
▶ Klappe hinten, südostl. f 6

Das prächtige Thermal- und Freibad Árbæjarlaug begeistert die Familie. Spielbecken, Minigeysire, Wasserrutschen, Whirlpool und Saunen lassen die Zeit verfliegen. Wer mit seinem Picknick richtig ans Meer will, fährt zum beliebten Strand Nauthólsvík südlich des Stadtflughafens.
Reykjavík, Fylkisvegur • www.arbae jarlaug.is • Mo–Do 6.30–22, Fr 6.30–20, Sa 9–17, So 11–19 Uhr • Eintritt 450 ISK, Kinder 100 ISK

Eiríksstaðir
▶ S. 151, D 9

Vor 1000 Jahren kam hier Leifur Eiríksson zur Welt, der später nach Amerika segelte. Diese Wikingerzeit macht das Freiluftmuseum nördlich von Reykjavík lebendig, mit rekonstruierten Häusern und altem Handwerk. Viele weitere Stätten zeigt die Sagakarte (www.sagatrail.is).
Búðardalur, Eiríksstaðir Haukadal • www.eiriksstadir.is • Juni–Aug. tgl. 9–18 Uhr • Eintritt 600 ISK

Fjölskyldu- og húsdýragarðurinn
▶ Klappe hinten, südostl. f 6

Der Kleinzoo und Vergnügungspark in Reykjavík ist ein Kinderparadies: Die ganze Fauna Islands gibt es hier zu sehen, von typischen Farmtieren bis zu Füchsen, Rentieren, Robben und Vögeln. Außerdem locken ein großes Aquarium und die »Science World« mit Experimenten. Zum Austoben warten Karussells, Boote, ein Minizug und mehr, während die Eltern im Zoo-Café entspannen.
Reykjavík, Hafrafelli v/Engjaveg • www.husdyragardur.is • Mitte Mai–

WUSSTEN SIE, DASS …

… statt eines Weihnachtsmanns 13 Weihnachtskobolde die Kinder besuchen? Bis Heiligabend erscheint täglich ein anderer und treibt seine Scherze, danach verschwinden sie wieder einzeln bis zum 6. Januar.

Aug. tgl. 10–18, Aug.–Mitte Mai tgl. 10–17 Uhr • Eintritt 700 ISK, Kinder 600 ISK, wochentags je 100 ISK weniger

Húsey
▶ S. 149, E 7

Bei Opa Örn und seiner Familie auf dem abgelegenen Reiterhof im Nordwesten lässt sich eine Woche Natur pur verbringen. Hoch zu Ross geht es zu den Elfen oder der Seehundsbank. Übernachtet wird in der bunten Selbstverpfleger-Herberge.
Egilsstaðir, Húsey Hróarstunga • Tel. 4 71 30 10 • www.husey.de • Juni–Sept. • Wochenpreise ab 500 €, Kinder ermäßigt

Wale gucken in Húsavík
▶ S. 148, B 6

Das Walmuseum **Hvalasafnið** an der Nordküste ist eins der schönsten weltweit. Mit mächtigen Skeletten an der Decke – jedes mit eigener Geschichte – und viel spielerisch aufbereiteter Information rund um die Giganten. Am Hafen nebenan starten die Boote zu **Waltouren** 🔴**8** draußen auf dem Meer.
Húsavík, Hafnarstétt 1 • www. whalemuseum.is • Juni–Aug. tgl. 9–19, Mai–Sept. tgl. 10–17 • Eintritt 1250 ISK, Kinder 500 ISK

👫 Weitere Familientipps sind durch dieses Symbol gekennzeichnet.

Im Fokus

Wenige Tage, bevor sich 1973 auf den Westmänner-Inseln über Nacht eine riesige Feuerspalte auftat und in der Folge den halben Ort Heimæy unter Lava begrub, soll eine alte Einwohnerin gesagt haben: »Seltsam, die Elfen ziehen ja alle um.« Und die Straße von Reykjavík nach Hveragerði macht einen enormen Schlenker um einen Hügel herum – dem Vernehmen nach, weil sowohl Baumaschinen als auch Sprengstoff versagten. Hier blieben die unsichtbaren Felsbewohner offenbar an Ort und Stelle.

Solche Geschichten kennen alle Isländer: Mal verweigern Hühner das Eierlegen, mal versagt die Technik, mal zeigt sich das »verborgene Volk«

sogar einem Menschen. Dass es existiert, ist laut Legende Adam und Eva zu verdanken: Die beiden hatten in ihrem langen Leben viele Kinder, so die Bibel, und eines Tages kündigte Gott seinen Besuch an. Eva aber hatte nicht rechtzeitig all ihre Kinder waschen können und verleugnete die nicht herausgeputzten. Und so soll Gott gesagt haben: »Wenn ICH sie nicht sehen darf, sollen sie fortan auch für alle Menschen unsichtbar sein.«

Zu sehen sind Elfen und andere Naturgeister nur, wenn sie Hilfe brauchen oder geben wollen – oder sie sich etwa im Spiel vergessen. Der Anblick glücklich spielender Elfenkinder soll tiefen Frieden schenken, berichten

◄ Fröhlich grinsende Trolle (► S. 33) sind ein beliebtes Mitbringsel aus Island.

die wenigen, die sie erspäht haben wollen. Alle anderen müssen es glauben, und die meisten Isländer tun offenbar genau das. Eine Studie von Terry Gunnell, dem Leiter der Folkloreabteilung der Universität von Island, belegte: Fünf Prozent der Einwohner glauben an Elfen und fünf Prozent tun es definitiv nicht. Die restlichen neun von zehn halten das verborgene Volk für »gut möglich«.

Schließlich haben sie schon als kleine Kinder Geschichten darüber gehört. Sie leben in einer seltsam kargen Welt voller Naturkräfte und -formen, die der Fantasie viel Raum lässt. »Und wenn man eine Weile hier lebt, fängt man auch selbst an, irgendwie dran zu glauben«, erzählt Austauschstudentin Sunny: »Ist der Schlüssel verschwunden, dann ist klar, dass die Elfen wieder mal Schabernack treiben.«

Sichtbare Zeichen

Seltsame Dampfwolken, skurrile Landschaftsformationen. So manch menschenähnlicher Fels gilt als versteinerter Nachttroll, der nicht rechtzeitig dem ersten Sonnenstrahl entkommen ist. So erklärt sich auch, dass die Westfjorde nur eine sehr schmale Landbrücke zum Rest Islands haben: Böse Trolle wollten die Region einst per Graben abspalten. Zu ihrem Pech stieg die Sonne zu früh über den Horizont. Nun stehen sie auf ewig als große Felsbrocken links und rechts der Landbrücke.

Trolle sind die eher unangenehme Variante der Unsichtbaren: Wenn sie toben, können sie Erdbeben auslösen. Und als notorische Einzelgänger bekriegen sie einander immer mal

wieder. Mitten im Niemandsland östlich des Mývatn-Sees etwa liegen unzählige große Felsbrocken fein säuberlich zur Mauer angeordnet. Und zwar so exakt, dass als Urheber vielleicht tatsächlich zwei Trollschwestern und ihre Grenzmauer in Frage kommen könnten.

Auch Grýla, die männerfressende Mutter der 13 Weihnachtskobolde, lebte in der Region. Ihre Söhne flüchteten vor der ruppigen Dame in die »Dimmuborgir« (► Touren und Ausflüge, S. 124), die »dunklen Burgen« am Ufer des Mývatn – eine bizarr anmutende Landschaft, in deren gezackte schwarze Felsen sich gut der ein oder andere Troll hinein interpretieren lässt.

Zum Kennenlernen

An der Ostküste gilt Bakkagerði als Zentrum der Elfenwelt: In einem riesigen Felsen nahe der kleinen Kirche lebt ihre Königin, sie gibt sogar ihren Segen, wenn Hochzeitspaare sich vor ihr das Jawort geben. Auf Kinder wartet ein kleines Spielparadies (► S. 79) komplett mit Elfenhöhle, Kostümen und den alten Geschichten im Kopfhörer.

Und im Südwesten zeigt ein eigener Stadtplan des Ortes Hafnafjörður all jene Plätze, wo Elfen und ihre ganz unterschiedlichen Verwandten wohnen. Gezeichnet hat ihn Erla Stefánsdóttir, eine alte Dame, die manchmal als »Elfenministerin« oder Elfenbeauftragte bezeichnet wird. Dabei sieht sie sich nur als Seherin und berät manchmal das Bauamt, das bei Planungen laut Gesetz alles Kulturgut – auch bewohnte Felsen – zu schützen hat. Wer mehr erfahren will, geht mit Erla auf Stadtführung oder besucht in Reykjavík die Elfenschule Álfarskolinn – mit Abschlusszertifikat.

Unbeschreiblich schön: das Hochland
von Landmannalaugar (▶ S. 65) mit
seinen in unterschiedlichen Farbtönen
schimmernden Rhyolithbergen.

Unterwegs
in Island

Mystisch und dramatisch ist das Land zwischen Feuer und Eis – ein Traumziel für Naturfans. Daneben locken immer wieder Spuren der alten Wikinger.

Reykjavík und Umgebung

Die Hauptstadt ist das unbestrittene Zentrum. Aber man muss nicht weit fahren, um viele der anderen bekannten Sehenswürdigkeiten des Landes zu finden.

◄ Reykjavíks Wahrzeichen ist die hoch aufragende Hallgrímskirkja (► S. 37).

Reykjavík

Stadtplan ► Klappe hinten
120 200 Einwohner

Reykjavík – die »rauchende Bucht« – war für den ersten Siedler Islands, Ingólfur Arnarson, sein ihm von den Göttern bestimmtes Ziel. Noch immer dampft die Erde – entlang der einst leeren Bucht hat sich eine Metropolregion entwickelt, hier wohnen zwei Drittel aller Isländer, rund um die quirlige Hauptstadt. Ihr zentrales Viertel heißt nach seiner Postleitzahl heute oft nur »101 Reykjavík«.

SEHENSWERTES

Aðalstræti & Ingólfstorg

► Klappe hinten, b 2/3

Die »Hauptstraße« ist die wohl älteste der Stadt und verbindet den See mit dem Hafen. Unter dem Hótel Reykjavík entdeckte man frühe Siedlungsreste, eine Multimedia-Ausstellung im Keller (www.reykjavik871. is) und ein Glaskasten enthüllen sie. Das Haus Nr. 10 ist das älteste der Stadt. Der benachbarte Platz ist nach Ingólfur Arnarson benannt.

Alþingihús (Parlament)

► Klappe hinten, b 3

Seit 1881 tagt Islands Volksvertretung statt im Þingvellir in diesem schlichten schwarzen Haus. Eins der ersten zweigeschossigen Häuser, früher beherbergte es auch eine Schule.
Túngata • www.althingi.is

Dómkirkja (Dom)

► Klappe hinten, b 3

Die älteste Kirche der Stadt (1788) konnte einst alle Bürger Reykjavíks

fassen. Ihr schlichtes Inneres zeigt ganz dezentes Golddekor.
Lækjargata 14a • www.domkirkjan. is • Mo–Fr 10–17 Uhr • Eintritt frei

Hallgrímskirkja

► Klappe hinten, d 3

Das steil aufragende Wahrzeichen von Reykjavík ist nach dem populären Pfarrer und Dichter Hallgrímur Pétursson aus dem 17. Jh. benannt. Die einst umstrittene Betonstruktur erinnert an Basaltsäulen und wurde erst 1986 fertiggestellt. Im hellen Kirchenschiff haben 1200 Menschen Platz, die Orgel profitiert von hervorragender Akustik. Spektakulär ist der Blick vom 75 m hohen Turm über die Stadt. Davor reckt sich eine Skulptur des Entdeckers Leifur Eiríksson in den Himmel.
Skólavörðuholt • www.hallgrimskirkja. is • tgl. 9–17 Uhr • Eintritt frei, Turmbesteigung 500 ISK, Kinder 100 ISK

Perlan ♀♂

► Klappe hinten, f 5

Eine perlenähnliche Glaskuppel auf sechs Heizwasserspeichern über-

WUSSTEN SIE, DASS …

... mit dem Alþingi im Jahr 980 die weltweit älteste bestehende Demokratie begründet wurde? Die der Griechen begann zwar früher, wurde aber durch Fremdherrschaft und Diktatur unterbrochen.

MERIAN-Tipp

HARPA ▶ Klappe hinten, b 2

Mit spiegelnder Glasfassade hat das lange umstrittene Konzert- und Konferenzzentrum, die »Harfe«, heute alle Herzen gewonnen. Nachts tanzen bunte Illuminationen über die wabenartigen Fenster. Auch das fantastische Innenleben und die Akustik bestechen. Wer keine Konzertkarten bekommt, bestaunt die Architektur oder besucht Restaurant und Bar. Reykjavík, Austurbakki 2 • www.harpa.is

blickt die Stadt vom Öskjuhlíð-Hügel aus. Besten Blick bieten Aussichtsplattform, Cafeteria und Gourmetrestaurant. Ein leerer Speicher beherbergt das Saga-Museum, das mit Wachsfiguren Islands frühe Geschichte lebendig macht. Museum: www.sagamuseum.is • April–Sept. tgl. 10–18, Okt.–März tgl. 12–17 Uhr • Eintritt 1800 ISK, Kinder 800 ISK

MUSEEN

Hafnarhús ▶ Klappe hinten, b 2

Das ehemalige Lagerhaus am Hafen zeigt heute zeitgenössische Kunst und bietet Konzerten Raum. Eine Dauerausstellung präsentiert den PopArt-Künstler Erró. Mit Café. Tryggvagata 17 • www.artmuseum.is • Fr–Mi 10–17, Do 10–22 Uhr • Eintritt frei

Þjóðminjasafn ▶ Klappe hinten, b 4

Das Nationalmuseum zeigt multimedial und mit vielen Exponaten, »wie die Nation entstand«. Hier lernt man Geschichte und Kultur und vielleicht die Isländer verstehen. Suðurgata 41 • www.natmus.is • Mai–15. Sept. tgl. 10–17, 16. Sept.–April Di–So 11–17 Uhr • Eintritt 1000 ISK, Kinder frei

Reðasafn ▶ Klappe hinten, f 1

Das skurrile Phallus-Museum 2011 aus Húsavík umgezogen, präsentiert im neuen Konzept mehr als 280 »beste Stücke« unterschiedlichster männlicher Arten – mittlerweile auch ein menschliches. Laugavegur 116 • www.phallus.is • tgl. 11–18 Uhr • Eintritt 1000 ISK

ÜBERNACHTEN

101 Hotel ▶ Klappe hinten, d 2

Stylish in Schwarz-Weiß • Kunst ist hier Programm und schmückt die Räume. Sehr schön: der Wellnessbereich und das Restaurant mit Kamin und hypermoderner Ausstattung. Hverfisgata 10 • Tel. 5 80 01 01 • www.101hotel.is • 38 Zimmer • ♿ • €€€€

Hilton Reykjavík Nordica
 ▶ Klappe hinten, westl. f 1

Komfort mit Panorama • Das einzige Hilton Islands liegt am Rand des Stadtzentrums. Im edlen nordischen Design mit mäßig großen Zimmern, üppigem Frühstücksbuffet und dem hervorragenden Sterne-Restaurant VOX. Nach vorne hinaus belohnt ein fantastischer Blick. Sudurlandsbraut 2 • Tel. 4 44 50 00 • www.hilton.is • 252 Zimmer • ♿ €€€

Hótel Borg ▶ Klappe hinten, f 2

Eleganter Glanz • Reykjavíks erstes Luxushotel im Art-déco-Stil, vom Architekten der Hallgrímskirkja, bietet besten Service und moderne,

große Zimmer und Suiten mitten im Zentrum.
Pósthússtræti 11 • Tel. 5 51 14 40 • www.hotelborg.is • ganzjährig geöffnet • 56 Zimmer und Suiten • €€€

Hotel Reykjavík Centrum
▸ Klappe hinten, b 2

Zentrale Lage • Das moderne Hotel liegt in der ältesten Stadt der Straße in miteinander verbundenen, teils historischen Häusern. Die Zimmer sind skandinavisch schlicht eingerichtet.
Adalstraeti 16 • Tel. 5 14 60 00 • www.hotelcentrum.is • 89 Zimmer ♿ • €€€

Room with a View-Apartments
▸ Klappe hinten, f 1

Groß und komfortabel • Geräumige Zimmer mit eigenen Whirlpools bieten die modern und chic eingerichteten Apartments mit kompletter Küche. Nahe der Partyzone kann es abends laut werden.
Laugavegur 18 • Tel. 5 52 72 62 • www.roomwithaview.is • 40 Apartments • €€

ESSEN UND TRINKEN
Dill Restaurant & Kaffi Hvönn
▸ grüner reisen, S. 19

Kaffitár
▸ grüner reisen, S. 20

Lækjarbrekka ▸ Klappe hinten, c 2

Klassiker für Genießer • In einem der ältesten Häuser der Stadt kommen gediegene Menüs im romantischen Ambiente auf den Tisch – etwa exzellentes Lamm. Beliebt bei Touristen.
Bankastræti 2 • Tel. 5 51 44 30 • www.laekjarbrekka.is • tgl. 11–23 Uhr • €€€

Sjávarkjallarinn ▸ Klappe hinten, b 2

Außergewöhnlich • Garniert wie farbenfrohe Kunstwerke werden im »Seekeller« innovative Gerichte aufgetischt, etwa Rentierklößchen, geräucherte Kartoffeln und karamellisierter Kohl.
Aðalstræti 2 • Tel. 5 11 12 12 • www.sjavarkjallarinn.is • tgl. ab 18 Uhr • €€€

Íslenski Barinn (Isländische Bar)
▸ Klappe hinten, b 2

Nordisch exotisch • Hier gehen die Einheimischen gerne hin, testen auch mal Häppchen von fermentiertem Hai oder Papageitaucher. Es gibt viele leckere Vorspeisen. Direkt im Zentrum, später am Abend spielt auch Musik.
Pósthússtræti 9 • Tel. 5 78 20 20 • www.islenskibarinn.is • tgl. bis 24 Uhr • €€

Nauthóll ▸ Klappe hinten, d 5

Tolle Lage, moderne Küche • Mit Blick auf den warmen Badestrand Nauthólsvik liegt das gleichnamige Restaurant – nur fünf Autominuten vom Zentrum. Die frisch-delikate Nordic Cuisine lässt sich auch auf der schönen Terrasse genießen. Große Portionen zum guten Preis, vegetarierfreundlich.
Nauthólsvegur 106 • Tel. 5 99 66 60 • www.nautholl.is • Mo–Sa 11–22, So 11–17 Uhr • €€

WUSSTEN SIE, DASS …

… Stadthäuser weder Heizofen noch Boiler brauchen? Stattdessen werden Dampf und Heißwasser direkt aus heißen Quellen in die Leitungen gepumpt. Manches Leitungswasser riecht etwas schwefelig.

EINKAUFEN

12 Tónar ▸ Klappe hinten, d 3

Der Musikspezialist bietet CDs auf drei Stockwerken, dazu gibt es Kaffee und Freitagnachmittags oft Live-Auftritte. Auch eine große Auswahl haben Smekkleysa Plötubúð (www. smekkleysa.net) und der größte Musikladen der Stadt, Skífan im Einkaufszentrum Kringlan.
Skolavörðustígur 15 • www.12tonar.is

Galleri List ▸ Klappe hinten, f 2

60 bis 80 Künstler bieten in der hellen, seit 25 Jahren bestehenden Galerie ihre Werke zum Verkauf. Für jeden Geschmack ist etwas dabei.
Skipholt 50a • www.gallerilist.is

Hringa ▸ Klappe hinten, f 1

Schmuck mit Chic und Humor fertigt die junge Silberschmiedin Inga Bachmann. Weitere Schmuckdesig-

ner finden sich vor allem entlang der Bankastræti und der Skólavörðustígur.
Laugavegur 33 • www.hringa.is

Kírsuberjatréð ▸ Klappe hinten, a 2

Fantastisch-schräge Design-Ideen bietet ein Künstlerinnen-Kollektiv im »Kirschbaum«: von Wollschmuck über Fischledertaschen bis Glaskaraffen. Das größere Designerzentrum ist Kraum in Islands ältestem Haus in der Aðalstræti (www. kraum.is).
Vesturgata 4 • www.kirs.is

Kolaportið (Flohmarkt) ▸ Klappe hinten, b 2

Jeden Samstag und Sonntag brummt es in der großen Halle am Hafen: Der Flohmarkt ist eine Institution, besonders interessant die Lebensmittelecke mit Spezialitäten wie vakuumverpacktem Hákarl. Zwei Stockwerke voller Kitsch und antiker Schätze bietet auch »Friða Frænka« nachmittags in der Vesturgata 3.
Geirsgata • www.kolaportid.is • Sa, So 11–17 Uhr

AM ABEND

Dillon ▸ Klappe hinten, f 1

Das einzig wahre Rocklokal, seit das »Grand Rokk« zur Sportsbar mutiert ist. Hier finden häufig Konzerte auf winziger Bühne statt, es gibt auch einen großen Biergarten.
Laugavegur 30 • Mo–Do, So 17–1, Fr, Sa 14–3 Uhr

Kaffibarinn ▸ Klappe hinten, c 3

Seit dem Roman »Reykjavík 101« der Klassiker unter den Bars im alten Haus – am Wochenende schwer zu erobern. Laut, aber gemütlich. Alternativ- und Indie-Musik.

MERIAN-Tipp

NIGHTLIFE IN REYKJAVÍK ▸ Klappe hinten, d–f 1

Freitag- und Samstagnacht ist die Hauptstadt zum Feiern da: Spätestens ab Mitternacht kreist die »Runtur« rund um den Laugavegur: Hupend, mit aufgedrehten Lautsprechern und im Schritttempo fahren schicke Autos durch die Gassen. Daneben ziehen aufgeputzte Menschen vorbei. Selten sind sie so gesprächig wie jetzt. Angesagte Lokale sind an den langen Warteschlangen zu erkennen. Viele Bars fungieren bis in den Abend hinein noch als Restaurant. Bei Livemusik kann es Eintritt kosten.

Für die einen ein Traum aus Glas und Stahl, für die anderen ein Symbol für Größenwahn: die Harpa (▶ MERIAN-Tipp, S. 38), Reykjavíks Konzert- und Konferenzzentrum.

Bergstaðarstræti 1 • Fr, Sa 18–4, So–Do 18–1 Uhr

NASA ▶ Klappe hinten, b 2/3

Diskothek und größter Nachtclub, auch für ältere Semester. Hier finden die meisten großen Livekonzerte statt.
Austurvöllur • www.nasa.is • tgl. 22–5.30 Uhr

Vegamót ▶ Klappe hinten, westl. f 2

Das elegante, jazzige Restaurant mutiert bei Nacht zur schicken Bar mit DJs und Tanzboden, mit Musikrichtungen von Hip Hop bis Rhythm and Blues.
Vegamótstígur 4 • www.vegamot.is • Fr, Sa 11–5, So–Do 11–1 Uhr

SERVICE
AUSKUNFT
Touristeninformation
▶ Klappe hinten, b 2

Aðalstræti 2 • Tel. 5 90 15 50 • www.visitreykjavik.is • Juni–15. Sept. tgl. 8.30–19, 16. Sept.–Mai Mo–Fr 9–18, Sa 9–16, So 9–14 Uhr

Ziele in der Umgebung

◎ Gljúfrasteinn

▶ S. 150/151, C/D 10

Im Örtchen Mosfellsbær wuchs der Literaturnobelpreisträger Halldór Laxness auf und verbrachte dort seinen Lebensabend. Sein Wohnhaus ist heute Museum und Literaturzentrum.

Mosfellsdalur, Straße 36 auf Anhöhe • www.gljufrasteinn.is • Juni–Aug. tgl. 9–17, Sept.–Mai Di–So 10–17 Uhr • Eintritt 800 ISK, Kinder frei
19 km nordöstl. von Reykjavik

◎ Viðey

▶ S. 150, C 10

Das unbewohnte Inselchen lockt mit üppiger Natur. Einst beherbergte es ein Kloster, ab 1751 Islands erstes Steinhaus und heute Yoko Onos beeindruckendes Lichtkunstwerk Imagine Peace Tower (www.imagine peace.com). Die Fähre geht mehrfach täglich ab dem alten Hafen, im Winter nur am Wochenende (www.elding.is).

MERIAN-Tipp ◆ **4**

SCHNORCHELN ZWISCHEN DEN KONTINENTEN   ▶ S. 150, D 10

In der Silfra-Spalte am Rand des Þingvallavatn hat das sehr klare Wasser nur rund 4 °C. Doch mit richtiger Ausrüstung und Führung lässt sich die faszinierende Unterwasserwelt schmerzfrei erkunden, mit Tauchschein bis in die Tiefe. Die kleine Firma Dive.is startete das Tauchen in Island und hat weitere heimische Gewässer im Programm.

Hólmaslóð 2, Reykjavík • Tel. 6 63 28 58 • www.dive.is

WUSSTEN SIE, DASS …

… Island mehr als 800 heiße Quellen hat und einige der aktivsten Vulkane der Welt? Von aller Lava, die in den letzten 1000 Jahren an die Erdoberfläche kam, floss ein Drittel in Island.

Golden Circle

▶ S. 150/151, C 10–E 10

Der »goldene Kreis« ist eine Rundtour, die von Reykjavík aus die bekanntesten Sehenswürdigkeiten abdeckt: das **Geysir-Feld** **3** und den **Parlamentsplatz Þingvellir** , den **Wasserfall Gullfoss** **3** wie auch den Bischofssitz Skálholt. Am Rand der Strecke liegen weitere sehenswerte Orte.

▶ Touren und Ausflüge, S. 121

Þingvellir **2**

▶ S. 151, D 10

Am bedeutendsten Ort des Landes, den »Feldern der Versammlung«, trafen sich alljährlich die verstreut lebenden freien Männer im Land, um Gericht zu halten und wichtige Fragen zu klären – mit begleitendem Volksfest und Heiratsmarkt. Heute durchziehen Wanderwege die Region am See Þingvallavatn und der »Allmänner-Schlucht«. Tafeln liefern Informationen. Nördlich des Parks lädt eine kleine Cafeteria zum Verweilen ein.

– Informationszentrum Leirar: www.thingvellir.is • Mai–Sept. tgl. 9–16 Uhr
– Cafeteria: April–Okt. tgl. 9–16, Nov.–März Sa, So 9–16 Uhr
Ca. 50 km nordöstl. von Reykjavík

SEHENSWERTES

Hakið

Die UNESCO-Welterbestätte Þingvellir, ein langer Graben zwischen

schroffen Felswänden, ist ein geologisches Phänomen: Island liegt mitten auf der Nahtstelle zweier Kontinentalplatten. Das Tal ist in 1000 Jahren um mehrere Meter breiter und einige Zentimeter tiefer geworden. Am Aussichtspunkt Hakið informiert ein Multimediazentrum anschaulich über Geologie und Tektonik.
Interpretive Center Hakið: www.thingvellir.is • April–Okt. tgl. 9–16 Uhr • Eintritt frei

Þingvallakirkja und Þingvallabær

Die kleine Kirche im Tal beherbergt die »Islandglocke«, die Norwegens König dem gerade zum Christentum übergetretenen Land im Jahr 1018 schenkte. Im Sommer lädt sie zu Gottesdienst und Konzert. Das malerische Fünfgiebelhaus daneben bewohnte einst der Pfarrer.

www.kirkjan.is/thingvallakirkja • Mitte Mai–Aug. tgl. 9–19.30 Uhr • Gottesdienst Juni–Aug. So 14 Uhr, Abendgebet Juni, Juli Do 21.45 Uhr

ÜBERNACHTEN

Cottages Lakethingvellir

Hell mit Seeblick • Nachdem 2009 das bekannte Hótel Vallhöll ein Opfer des Feuers wurde, sind die vier Hütten am Rand des Nationalparks die einzige Alternative zum Zelten. Mit Blick über den See bieten sie gemütlichen Raum samt Kochnische für bis zu fünf Personen.
Straße 36, östl. Ausfahrt Skálabrekka • www.lakethingvellir.is • Tel. 8 92 71 10 • ♿ • €€

Laugarvatn »Fontana«

▶ S. 151, E 10

Im Ort der heißen Quellen ist ein Bad mit Wellnesszentrum entstanden. Dampf aus dem Boden beheizt

Tauchen in der Silfra-Spalte erfordert viel Erfahrung. Doch auch Islands Flüsse (▶ MERIAN-Tipp, S. 42) bieten ungewöhnliche Einblicke in die Unterwasserwelt.

wie seit 1929 die Schwitzhütten. Zwei Becken und ein Whirlpool bieten einen wunderbaren Blick.
Lindarbraut 1, Laugarvatn • www. fontana.is • 15. Mai–Sept. tgl. 11–22, Okt.–14. Mai 14–21 Uhr, • Eintritt 2100 ISK, Kinder 1050 ISK
73 km östl. von Reykjavík

ESSEN UND TRINKEN
Lindin Restaurant Bistro Café

Bestes aus der Natur • Direkt am See liegt das kleine Restaurant, das heimische Küche in hoher Qualität auf den Tisch bringt.
Lindarbraut 2 • Tel. 4 86 12 62 • www.laugarvatn.is • Mai–Aug. tgl. 11.30–22 Uhr • €€

EINKAUFEN
Gallerí Laugarvatn

Liebevoll dekoriert bietet ein kleiner Laden Kunsthandwerk aus der Region: Praktisches und Dekoratives aus Holz und Glas, Wolle und Ton.
Háholt 1 • Tel. 4 86 10 16 • www. gallerilaugarvatn.is • 15. Mai– 15. Sept. tgl. 13–18, 16. Sept.– 14. Mai Sa, So 13–17 Uhr

Solheimar

▶ grüner reisen, S. 20

Geysir-Feld Haukadalur 3
▶ S. 151, D 10

Der heute gar nicht mehr explosive »Große Geysir«, Namensgeber des Phänomens, liegt im Geothermiegebiet Haukadalur östlich des Þingvellir. Sein kleinerer Nachbar **Strokkur** spuckt alle 5 bis 10 Min. Heißwasser in die Höhe. Rundherum liegt ein buntes Feld dampfender und sprudelnder Löcher.
Haukadalur • www.geysircenter.is • ganzjährig geöffnet, Eintritt frei, In-

formationszentrum Mai–Aug. tgl. 10–22 Uhr

ÜBERNACHTEN/ESSEN UND TRINKEN
Hótel Geysir

Einzigartige Lage • Direkt am Geysir-Feld bietet das Restaurant und Hotel leckere Häppchen, aber auch Spezialitäten wie Wal-Carpaccio und Thymian-Lamm. Empfehlenswert: das Lunch-Buffet (tgl. 11.30–14 Uhr) und die »geothermale Brotzeit« für Gruppen. Übernachten lässt sich in komfortablen Hütten oder einem der Luxuszimmer. Hot Tubs und ein Schwimmbecken gehören dazu. Wer am Geysir Golf spielen möchte, findet einen naturnah gestalteten 9-Loch-Platz (http:// geysirgolf.is).
Haukadalur • Tel. 4 80 68 00 • www. hotelgeysir.is • 24 Zimmer • Mai–Aug. geöffnet • €€–€€€

Gullfoss 3
▶ S. 151, E 10

Der enorme »goldene Wasserfall« gehört zu den schönsten des Landes, besonders im warmen Abendlicht. Das Wasser des Gletscherflusses Hvítá stürzt malerisch in zwei Kaskaden rund 30 m tief. Dem Protest der Bauerntochter Sigríður Tómasdóttir ist es zu verdanken, dass dem Gullfoss vor 100 Jahren nicht für ein Kraftwerk das Wasser abgegraben wurde. Im Informationszentrum lockt das Gullfoss-Kaffi zur Pause.
An der Straße 35 • www.gullfoss.is • ganzjährig geöffnet • Eintritt frei • Information und Café Mo–Fr 9–18, Sa, So 9–19 Uhr

ÜBERNACHTEN/ESSEN UND TRINKEN
Hótel Flúðir

Edel und anspruchsvoll • Quasi im Nichts, im Weiler Flúðir rund eine

Im Abstand von drei bis fünf Minuten schießt der Geysir Strokkur (▶ S. 44), auf Deutsch »Butterfass«, eine bis zu 35 m hohe, kochende Wassersäule in den Himmel.

halbe Stunde von Gullfoss entfernt, steht ein modernes Designhotel im skandinavischen Stil. Frische regionale Zutaten sind dort für feine Gaumen arrangiert.
Vesterbrún 1, Flúðir • Tel. 4 86 66 30 • www.fludir.is • Restaurant tgl. 6.30–21 Uhr • €€€

Skálholt   ▶ S. 151, E 10

Der erste Bischofssitz Islands entstand 56 Jahre nach der Entscheidung der Isländer für das Christentum. Als erster Bischof residierte Ísleifur Gissurarson ab 1056 in Skálholt. In der Folgezeit wurde es zum Zentrum von Religion und Lernen. Heute ist es ein Bildungszentrum. Eindrucksvoll die große Dómkirkja von 1963 mit einer stattlichen Länge von 30 m.
Skálholt • www.skalholt.is, www.sumartonleikar.is • ganzjährig geöffnet • Eintritt frei

DER NORDEN
Borgarnes   ▶ S. 150, C 10
1750 Einwohner

Rund 65 km nördlich von Reykjavík lebte der Saga-Held und Dichter Egill Skallagrímsson, dessen Leben die »Egils Saga« schildert. Die Schauplätze in Borgarnes zeigen kleine Steinmännchen an. Im Park liegt der Grabhügel von Egills Vater, im Hof »Borg á Mýrum« am nördlichen Stadtrand lebte seine Familie und später der Dichter Snorri Sturlurson.

MUSEEN
Brúðuheimur Puppenzentrum 👫

Das »Puppenheim« ist ein Museum mit Marionettentheater des Puppenbauers Bernd Ogrodnik. Aufführungen begeistern Groß und Klein, Kinder lieben die Spieletage, Eltern das Biocafé mit Fjordblick.
Skúlagata 17, an der Bucht Englendingavík • www.bruduheimar.is •

Der »Goldene Wasserfall« Gullfoss (▸ S. 44) liegt auf der Route »Golden Circle« (▸ S. 121), auf der man die berühmtesten Sehenswürdigkeiten Islands erleben kann.

Mai–Sept. tgl. 10–22 Uhr • Eintritt 1400 ISK, Kinder 600 ISK

Landnámssetrið (Landnahme-zentrum) ♟♟

Wie war das, als die ersten Siedler Island »in Besitz nahmen«? Sich zum »Alþingi« trafen, erbittert Familienfehden austrugen? Multimedial erwachen jene Zeiten, eine zweite Show vermittelt die »Egils Saga«. Mit gutem Restaurant im Wikinger-Stil. Brákarbraut 13-15 • www.landnam. is • Juni–Aug. tgl. 10–19, Sept.–Mai tgl. 11–17 Uhr • Eintritt 2400 ISK, Kinder 1800 ISK

Ziele in der Umgebung

◎ **Akranes**   ▸ S. 150, C 10
6600 Einwohner

Von der Spitze einer Halbinsel geht der Blick nach Süden direkt auf Reykjavík – rund 20 km Luftlinie und 50 km an der Küste entlang. Akranes

gute Anbindung besteht erst seit 1998, dank Islands einzigem Mauttunnel unter dem nahen Fjord hindurch. Hier siedelten zuerst irische Brüder, deshalb feiert die Stadt heute jeden Juli das Festival »Írskir dagar«. www.visitakranes.is
38 km südl. von Borganes

SEHENSWERTES
Hvalfjörður (Tqu·l)

Der lang gestreckte, malerische »Walfjord« hat durch den Tunnelbau gewonnen: Heute fährt hier nur noch, wer die Kurven und ständig wechselnden Ausblicke auch genießen will. Am Nordufer steht noch eine bis 1980 wichtige Walfangstation, auf dem nahen Pfarrhof Saurbær lebte einst der Psalmendichter Hallgrímur Pétursson. Viele Wanderwege führen ins Umland – etwa vom Fjordende zum Glymur, dem mit 200 m höchsten Wasserfall Islands.

ÜBERNACHTEN
Hótel Glymur

Luxus mit Herzlichkeit • Hoch auf einem grünen Hügel thront das rotweiße, familienbetriebene Boutique-Hotel am Hvalfjörður. Die großen, sehr stilvollen Räume haben eine zweite Etage zum Schlafen, auf Selbstversorger warten sechs nahe Luxushütten. Das erstklassige Restaurant bietet Rentier bis Muschelcarpaccio.
Hvalfjörður • Tel. 4 30 31 00 • www. hotelglymur.is • 22 Zimmer, 2 Suiten, 6 Hütten • Mitte Dez.–Mitte Jan. geschl. • €€€

◎ Reykholt & Húsafell
> S. 151, D 9

Landeinwärts von Borgarnes liegt Reykholt, einst Wohnsitz des Dichters und Politikers Snorri Sturluson, nach dem die historische Sturlungar-Ära benannt ist. 20 km weiter östlich ist Húsafell ein idealer Startpunkt für Naturaktivitäten. Besonders sehenswert sind die nahen Hraunfossar, die »Lava-Wasserfälle«: Das Wasser der Hvíta scheint auf einem breiten Berghang direkt aus dem Gestein zu strömen. Auch die große Lavahöhle Surtshellir lässt sich erkunden. Im Sommer gelangt man Richtung Süden über die gletschergesäumte Hochlandpiste Kaldidalur direkt nach Þingvellir.
Reykholt: Ca. 40 km östl. von Borganes
Húsafell: Ca. 60 km östl. von Borganes

DER SÜDOSTEN
Hveragerði
> S. 151, D 11

2300 Einwohner
Auf der Ringstraße nach Südosten geht der Blick – mitten in einer großen Kurve – von oben auf den kleinen Ort hinab. Im Dunkeln leuchten die berühmten Gewächshäuser, die mit Dampf aus der Erde beheizt werden. Vor allem liefert Hveragerði Frischgemüse und Blumen ins Land. Bei einem Erdbeben 2008 riss ein Bodenspalt mitten in der Ortsbibliothek auf – er ist unter Glas zu sehen. www.hveragerdi.is

SEHENSWERTES
Hverasvæðið (Geothermalpark)

Nur wenige Orte liegen mitten auf einem aktiven Thermalgebiet – hier lockt der Spaziergang um dampfende Quellen und blubbernde Schlammtöpfe. Ein kleines Café serviert geothermal gebackenes Brot und gekochte Eier. Ein aktiver Geysir im nahen Tal Ölfusdalur und eine warme Badestelle im Fluss sind auf Wanderwegen zu erreichen.
Hveramörk 13 • www.hveragerdi.is • 15. Mai–15. Sept. Mo–Sa 9–18, So 10–16 Uhr • Eintritt frei

ÜBERNACHTEN
Guesthouse Frost og Funi/ Frost & Fire

Romantisch kunstvoll • Isländische Kunst schmückt die hellen, eleganten Zimmer, alle mit Blick über Fluss und heiße Quellen. Das üppige Frühstücksbuffet bietet Bioprodukte der Region – das passende Geschirr stammt von einer Tonkünstlerin. Hot Tub und ein großer Swimmingpool stehen zur Verfügung.
Hverhamar • Tel. 4 83 49 59 • www. frostogfuni.is • 14 Zimmer • €€

Hótel Eldhestar
> grüner reisen, S. 19

Hótel Náttúra/Hot Springs Hotel
> grüner reisen, S. 19

ESSEN UND TRINKEN
Kjöt og Kúnst

Heißdampf-Delikatessen • Bei »Fleisch & Kunst« gibt es leckere Snacks, Isländisches und Grill-Specials. Highlight ist die »Earth Kitchen«: Dampfgaren direkt aus den Thermalquellen. Das Café lockt mit vielen Kuchen und Torten.
Breiðumörk 21 • Tel. 4 83 50 10 • www.kjotogkunst.com • März–Sept. Mo–Sa 11.30–21 Uhr

SERVICE
AUSKUNFT
Touristeninformation Suðurlands

Einkaufszentrum Sunnumörk 2–4 • Tel. 4 83 46 01 • www.hveragerdi.is • Juni–Aug. 8.30–17, Sept.–Mai 8.30–16 Uhr

Ziele in der Umgebung
◎ Raufarhólhellir (Lavahöhle)
▶ S. 151, D 11

Auf der Straße 39 zwischen Þorlákshöfn und der Ringstraße führt ein Abzweig zum 1350 m langen Lavatunnel. Innen warten eindrucksvolle Lavasäulen und im Winter Eisformationen – der Zugang ist frei und erfolgt auf eigene Gefahr. Rutschfeste Schuhe und Lampen sind empfehlenswert.
15 km südöstl. von Hveragerði

MUSEEN
Draugasetrið (Geistermuseum) & Icelandic Wonders

Schön gruselig präsentiert das Museum in einem Gespensterlabyrinth 24 Schauergeschichten per Audioguide, auch auf Deutsch. Wer nicht genug bekommt, kann dort übernachten oder eine Geistertour in die Region unternehmen. Direkt nebenan vermittelt »Islands Wunder«, charmant aufbereitet, alles über Elfen, Trolle, Weihnachtswichtel und Nordlichter.
Hafnargata 9, Stokkseyri
– Draugasetrið: www.draugasetrid. is • Juni–Aug. tgl. 13–18 Uhr • 1500 ISK, Kinder frei
– Icelandic Wonders: www.icelandic wonders.com • Juni–Aug. tgl. 10–20 Uhr • Eintritt 1500 ISK, Kinder 500 ISK

ESSEN UND TRINKEN
Rauða Húsið

Delikat mit Geschichte • Im »Roten Haus« in Eyrarbakki wird leckeres Essen gemeinsam mit historischen Anekdoten serviert. Berühmt ist die Fischsuppe des Hauses. Nachmittags gibt es Kaffee, abends Bier im Kellerpub.
Búðarstíg 4, Eyrarbakki • Tel. 4 83 33 30 • www.raudahusid.is • Fr–Sa 11.30–22, So 11.30–21, Mo–Do 17–21 Uhr • €€€

Fjöruborðið

Hummerkrabben satt • Isländer nennen es »Humar«, doch es sind Langusten, die im urigen Restaurant »Meeresufer« bevorzugt serviert werden. Klassiker ist die »Hummersuppe«. Reservierung wird empfohlen.
Eyrarbraut 3a, Stokkseyri • Tel. 4 83 15 50 • www.fjorubordid.is • Juni–Aug. tgl. 12–22, Sept.–Mai Mo–Fr 17–22, Sa, So 12–22 Uhr, Nov.–März Mo geschl. • €€

Bakkabrim
▶ grüner reisen, S. 19

SERVICE
AUSKUNFT
Touristeninformation Árborg

Árborg fasst das regionale Handelszentrum Selfoss mit den Fischer-

Im Salzfischmuseum Grindavík (▶ S. 52) dreht sich alles um das kostbare Gut Salz – in früheren Zeiten das wichtigste Mittel zum Konservieren von Fisch und Fleisch.

orten Stokkseyri und Eyrarbakki zusammen.
Austurvegur 2, Selfoss • Tel. 4 80 19 90 • http://tourinfo.arborg.is/ • 15. Mai–Aug. Mo–Fr 10–18, Sa 11–14 Uhr

HALBINSEL REYKJANES
▶ S. 150, B 10–C 11

Der Südwestzipfel von Island führt von der Ringstraße weit in den Atlantik: ein scheinbar ödes Lavafeld voller Überraschungen.
www.visitreykjanes.is

Kópavogur   ▶ S. 150, C 10
30 000 Einwohner
Reykjavíks direkte Nachbarstadt im Süden ist vor allem für das riesige Einkaufsparadies Smáralind (www. smaralind.is) bekannt. Auch das kleine Kunstmuseum Gerðarsafn (www.gerdarsafn.is) mit zeitgenössischen Werken und Glaskunst ist einen Besuch wert, ebenso wie das Naturhistorische Museums Náttúrufræðistofa (www.natkop.is). Höhepunkt dort: das Aquarium mit Marimo-Algenkugeln des Mývatn-Sees. In Islands erstem Konzerthaus Salurinn (www.salurinn.is) wurden 1999 Gestein und Treibholz aus dem ganzen Land verbaut.

Hafnarfjörður   ▶ S. 150, C 11
26 000 Einwohner
»Stadt in der Lava« oder auch »Elfenhauptstadt« nennt sich der Hafenort zwischen Hauptstadt und Flughafen Keflavík. Hier hatte sich neben Briten und Dänen auch die deutsche Hanse fest etabliert. Der alte Leuchtturm ist das Wahrzeichen der Stadt.
www.visithafnarfjordur.is

SEHENSWERTES
Elfen & Trolle
Viele Straßen und Wege in Hafnarfjörður schlagen unerwartete Kurven – meist um Lavahügel herum,

in denen Elfen, Zwerge, Gnome oder anderes »Verborgenes Volk« wohnen. Besonders hoch soll ihre Dichte im Stadtpark Hellisgerði (www.elfgarden.is) sein, wie die »Karte der Verborgenen Welten« zeigt.

Geführte Touren: Tel. 6 94 27 85 • www.alfar.is • Juni–Aug. Di, Fr 14.30 Uhr ab Touristeninformation oder auf Anfrage • Kosten 3900 ISK

ÜBERNACHTEN

Hótel Hafnarfjörður

Luftig und freundlich • Zehn Fußminuten vom Hafen liegt das leuchtendrote Drei-Sterne-Haus, dessen große, helle Zimmer meist eine Küchenecke besitzen.

Reykjavíkurvegur 72 • Tel. 5 40 97 00 • www.hotelhafnarfjordur.is • 70 Zimmer und Apartments • ♿ • €€

Hótel Víking 🍴

Rustikal wie die Nordmänner • Die große Show bietet das ganz im Wikingerstil eingerichtete Hotel: grobgeschnitze Betten, Stein und Felle. Jährlich im Juni ist das Haus eine Woche lang Gastgeber des großen Wikingerfestivals.

Fjörukráin/Viking Village, Strandgata 55 • Tel. 5 65 12 13 • www.viking hoteliceland.com • 42 Zimmer • €€

ESSEN UND TRINKEN

Fjörugarðurinn & Fjaran

Im Wikinger-Stil • Wer seine Mahl- »Zeit« um ein Jahrtausend zurück versetzen will, hat die Wahl zwischen zwei Restaurants: Im Fjörugarðurinn mit 350 Plätzen gibt es Lamm, Lachs und Met rustikal unterm Bärenfell. Im Fjaran nebenan geht es bei nur 58 Plätzen gesitteter zu, mit Blick auf den Fjord und Gourmetküche – natürlich auch mit Wikinger-Flair.

Fjörukráin/Viking Village, Strandgata 55 • Tel. 5 65 12 13 • www.fjorukrain.com • €€–€€€

Die Blaue Lagune (▶ S. 52) auf der Halbinsel Reykjanes ist eine dampfende Wohlfühloase. Die weißblaue Farbe des Sees ist auf Silica und Mineralien zurückzuführen.

EINKAUFEN
Sign Gallery

Originelle Silberstücke in Stilen wie »Feuer & Eis« bietet die kleine Schmuckgalerie – viele Stücke sind auch in Geschäften in Reykjavík und auf der Halbinsel zu finden.
Fornubúðir 1 • www.sign.is

SERVICE
AUSKUNFT
Touristeninformation

Strandgata 6 • Tel. 5 85 55 00 • www.visithafnarfjordur.is • Mo–Fr 8–17 Uhr

Keflavík   ▸ S. 150, B 11

13 000 Einwohner

Die eher schmucklosen Orte rund um den internationalen Flughafen, wo bis 2006 auch die US-Armee stationiert war, bilden die Gemeinde Reykjanesbær. Anfang September lockt spektakuläres Feuerwerk zum Lichterfestival »Ljósanótt« (www.ljosanott.is).

SEHENSWERTES
Duushús & Riesin 👫

Das Haus des Kaufmanns Duus zeigt als Kulturzentrum Stadtgeschichte, Kunstausstellungen und viele Bootsmodelle des Bastlers Grímur Karlsson. Fast nebenan, am Kleinboothafen, sitzt in einem Holzverschlag eine Riesin – wie den Kinderbüchern von Herdís Egilsdóttir entsprungen.
Duusgata 2 • www.reykjanesbaer.is/listasfn • Mo–Fr 12–17, Sa, So 13–17 Uhr • Eintritt frei

ÜBERNACHTEN
Icelandair Hótel

Hoher Standard • Im modernen skandinavischen Design bietet das frühere »Flughótel« besten Business-Service. Das Restaurant Vocal ist im Haus, das Frühstücksbuffet üppig. Sauna und Wellnessangebot inklusive.
Hafnargata 57 • Tel. 4 21 52 22 • www.icehotels.is • 62 Zimmer • ♿ • €€€

Hotel Berg

Anheimelnd modern • Ganz neu und mit fantastischem Blick auf den Freizeithafen liegt dieses gemütliche Familienhotel. Besonders schön: ein großes Kaminzimmer, das Frühstücksbuffet und ein Hot Tub im Garten.
Bakkavegur 17 • Tel. 4 22 79 22 • www.hotelberg.is • 11 Zimmer • ♿ • €€

ESSEN UND TRINKEN
Kaffi Duus

Wandelbar und delikat • Tagsüber Café mit Hafenblick, abends Restaurant und später eine lebhafte Bar. Besonders leckere Fischgerichte.
Duusgata 10 • Tel. 4 21 70 80 • www.duus.is • tgl. 10–22, Fr, Sa 10–1 Uhr • €€

MERIAN-Tipp   5

ADVENTSZEIT

Isländer lieben die duftende Weihnachtszeit. In Reykjavík leuchtet ab erstem Advent ein großer Christbaum, den seit 1952 die Schwesterstadt Oslo stiftet. Der schönste Weihnachtsmarkt des Landes soll aber in Hafnarfjörður stehen: Buden mit Kunsthandwerk, Geschenken und Leckereien locken dort jedes Adventswochenende – und natürlich die 13 Weihnachtswichtel.

Ráin

Isländisch mit Tanzboden • Nostalgisches Restaurant mit guter einheimischer Küche, Deko aus den 1950er-Jahren und Oldies live. Hafnargata 19 • Tel. 4 21 46 01 • www.rain.is • Fr–Sa 11–3, So–Do 11–1 Uhr • €€

SERVICE

AUSKUNFT

Touristeninformation

Einkaufszentrum Keflavík, Krossmói 4 • Tel. 4 21 35 20 • www.reykjanes.is

Ziele in der Umgebung

◎ Bláa Lónið (Blaue Lagune)

⭐ ▶ S. 150, C 11

Künstliche Lagune mit weißblauen Becken, umgeben von schwarzer Lava. Einst nur Nebenprodukt des nahen Erdwärmekraftwerks, schätzt man inzwischen die Heilkräfte des weißen Algenschlamms. Grindavík • www.bluelagoon.com • Juni–Aug. tgl. 9–21, Sept.–Mai tgl. 10–20 Uhr • Eintritt 4800 ISK, Kinder frei 19 km südl. von Keflavík

ÜBERNACHTEN

Hotel & Clinic Blue Lagoon

Spitzenlage • Direkt an der berühmten Lagune gelegen, bietet die Heilklinik auch komfortable Touristenzimmer mit eigener Badelagune. Zur großen Schwester geht es zu Fuß durchs Lavafeld. Svartsengi, Grindavik • Tel. 4 26 86 50 • www.bluelagoon.com • 15 Zimmer • €€€

◎ Brücke zwischen den Kontinenten ▶ S. 150, B 11

Mitten in der Lavalandschaft klafft ein Riss zwischen eurasischer und nordamerikanischer Kontinentalplatte. Wer nicht nach Þingvellir kommt, kann die Kluft hier per Fußgängerbrücke überqueren. Straße 425, rund 7 km südl. von Hafnir • www.visitreykjanes.is 18 km südwestl. von Keflavík

◎ Leuchttürme Garður

▶ S. 150, B 10/11

Von der Nordwestspitze der Halbinsel, Garðskagi, bieten gleich zwei Leuchttürme besten Blick nach Reykjavík oder bis zum Snæfellsjökull. Ein kleines Museum zeigt Fischereiobjekte und mehr als 60 – noch funktionsfähige – Motoren aller Art. Skagabraut 100, Garður • www.sv-gardur.is • April–Okt. tgl. 13–17 Uhr • Eintritt frei 11 km nördl. von Keflavík

◎ Saltfisksetur Grindavík (Salzfischzentrum)

▶ S. 150, C 11

Das Museum vermittelt die schweißtreibende Arbeit hiesiger Familien, die den frischen Fisch haltbar machten. Unweit der Blauen Lagune. Hafnargata 12a, Grindavík • Juni–Aug. tgl. 11–18, Sept.–Mai Sa, So 11–17 Uhr • Eintritt 500 ISK 22 km südl. von Keflavík

◎ Víkingaheimar ▶ S. 150, B 11

Víkingaheimar heißt das neue Museum um den Nachbau eines Wikingerschiffs, der im Jahr 2000 auf Leifur Eiríkssons Route von Island nach New York segelte. Rundherum eine großartige Ausstellung über die »Entdecker aus dem Norden«. Víkingabraut 1, Reykjanesbær • www.vikingaheimar.is • tgl. 12–17 Uhr • Eintritt 1000 ISK, Kinder frei 2 km östl. von Keflavík

HAUPTSACHE UNGEWÖHNLICH.

Einmal im Leben

100
REISETRÄUME
FÜR ZWEI

MERIAN

Der Süden

Wasser und Weiden, Gletscher und Vulkane prägen den Süden Islands. Hier liegen Feuer und Eis und ihre bizarren Landschaftsformen besonders nah beieinander.

◀ Blick vom Vulkan Laki (▶ S. 65) auf die lange Kraterreihe Lakagígar.

Der Vulkan mit dem schier unaussprechlichen Namen, der **Eyjafjallajökull**, ist seit 2010 der »Star« der Südküste. Seine Asche verkauft sich noch immer als Souvenir, obwohl der Regen sie längst versickern ließ. Heute zeigt sich ihre fruchtbare Wirkung: Kaum anderswo sind die Wiesen so grün wie am Fuß von Vulkanen. Und die Feuerberge prägen die Landschaft entlang der Küste: Noch vor wenigen Jahrzehnten formten glühende Lavaströme auf den **Westmänner-Inseln** (Vestmannaeyjar) neue Gipfel. Die Region **Landmannalaugar** 🌟 am Vulkan Hekla hingegen verdankt ihnen bizarr bunte Gesteinslandschaften. Weiter östlich liegt der Riesengletscher **Vatnajökull**, dessen Schmelzwasser vor allem im Sommer große steinige Spülfelder zur Küste entstehen ließen. Und wo Feuer und Eis enden, nagt das Meer an der Küste – etwa rund um **Vík** – und sorgt seinerseits dafür, dass die Region spannend bleibt, weil sie immer wieder anders wirkt.

Hvolsvöllur

▶ S. 151, E 11

850 Einwohner

Das regionale Zentrum, rund 100 km von Reykjavík entfernt, liegt inmitten des Gebietes der »Njáls Saga«, der wohl bekanntesten Volkssaga aus der Landnahmezeit. Viele der Schauplätze und Kampfplätze einst verfeindeter Sippen lassen sich noch heute besuchen. Umgeben von saftigem Weideland, liegt der Ort an der Ringstraße südlich des Vulkans **Hekla** – einstiger Star unter Islands Feuerbergen – und westlich des Eyjafjallajökull, der Hekla weltweit die Show gestohlen hat.

MUSEEN

Sögusetrið (Saga-Zentrum)

Im Mittelpunkt steht die Wikingerzeit und die Tragödie um den weisen Njáll und seinen Helfer Gunnar, der schließlich im Feuer starb. Museum und Website bieten den Sagentext auch auf Deutsch, jeden Sommer erweckt ein Festival die Geschichte zu neuem Leben. Eine zweite Ausstellung zeigt Südislands Handel im vergangenen Jahrhundert.
Hlíðarvegur 14 • www.njala.is • 15. Mai–15. Sept. tgl. 9–18, 16. Sept.– 14. Mai Sa, So 10– 17 Uhr • Eintritt 700 ISK, Kinder frei

ÜBERNACHTEN

Hotel Rangá

Was das Herz begehrt • Das einzige Vier-Sterne-Haus im Süden Islands liegt zwischen Hvolsvöllur und Hella an der Ringstraße, direkt am Lachsfluss Rangá. Im luxuriösen Lodge-Stil bietet es das volle Spa-Programm, eine Zigarrenbar, einen nahen Golfplatz und Angelmöglichkeiten. Das Restaurant mit Flussblick serviert exzellente Kombinationen isländischer Tradition mit mediterranem Touch.
Hella • www.hotelranga.is • Weihnachten und Neujahr geschl. • 50 Zimmer, 8 Suiten • ♿ • €€€€

SERVICE

TOUREN

Gletscher- und Allradtouren

– Icelandic Mountain Guides • Skógar • Tel 8 94 29 56 • www.mountainguides.is

– TG Travel • Skógar • Tel. 8 69 00 93 • www.travel2iceland.is

– Southcoast Adventure • Skálakot, Hvolsvöllur • Tel. 8 67 35 35 • www.southadventure.is

– South Iceland Adventure • Hlíðarvegur 7, Hvolsvöllur • Tel. 7 70 20 30 • www.icelandadventure.is

---

MERIAN-Tipp　　⑥

SKÓGASAFN　▸ S. 151, F 12

Auch hier müssen einst Bäume gestanden haben, wie der Ortsname Skógar verrät. Heute lockt vor allem das hervorragende Freilicht- und Heimatmuseum. Der inzwischen über 90-jährige Þórður Tómasson gründete es bereits 1949. Schon als Kind hatte er begonnen, Alltagsobjekte zu sammeln, von Web- und Fischer-Utensilien bis zu handgeschmiedeten Miniturbinen. Heute sind mehr als 6000 Exponate zu sehen, gelegentlich erklärt Þórður einige sogar selbst. Mehrere Grassodenhäuser, eine Schule und Kirche machen das Leben der frühen Isländer anschaulich. Im neuen Anbau für Transportgeschichte – sehenswert die riesigen Felsbagger – findet sich auch ein großes helles Café. Skógar • www.skogasafn.is • Juni–Aug. tgl. 9–18, Mai, Sept. tgl. 10–17, Okt.–April tgl. 11–16 Uhr • Eintritt 1250 ISK, Kinder 500 ISK

Ziele in der Umgebung

◎ Eyjafjallajökull Erupts Visitor Centre　▸ S. 151, F 12

Wie es sich anfühlt, wenn einem ein aktiver Vulkan in den Garten schaut, vermittelt das Besucherzentrum zu Füßen des Eyjafjallajökull. Die Familie beschreibt im Film die Zeit nach dem Ausbruch von 2010. Im Shop gibt es Asche und andere Souvenirs. Þorvaldseyri • www.icelanderupts.is • 25. Mai–16. Sept. tgl. 10–17, Juni–Aug. tgl. 9–18 Uhr • Eintritt 750 ISK, Kinder frei

4 km östl. von Hvolsvöllur

◎ Þórsmörk　▸ S. 151, F 11

Zwischen drei Gletschern – Tindfjallajökull, Mýrdalsjökull und Eyjafjallajökull – liegt geschützt »Thors Wald«. Das vergleichsweise warme, windarme Klima hier lässt ein ausgedehntes Birkenwäldchen mit üppigem Blüten- und Kräuterschatz gedeihen. Hier lässt sich bestens wandern, als beliebtes Ausflugsziel der Einheimischen wird es auch vom Hochlandbus angefahren.

50 km westl. von Hvolsvöllur

◎ Skógafoss und Seljalandsfoss　▸ S. 151, E/F 12

Der »Waldwasserfall« stürzt aus 62 m Höhe von einer steilen Klippe hinab – dahinter soll laut Legende ein Goldschatz liegen. Auch der bei Sonnenlicht stets sichtbare Regenbogen deutet darauf hin, doch die meisten Besucher kommen wegen eines Fotos vor dem mächtigen Wasserfall nahe der Ringstraße. Etwas höher, aber schmaler ist der Seljalandsfoss einige Minuten weiter östlich. Hier kann man hinter dem Wasserfall am Felsen entlanggehen.

50 bzw. 22 km westl. von Hvolsvöllur

Aus über 60 m Höhe ergießt sich das Wasser des Skógafoss (▶ S. 56) in die Tiefe. Laut Sage ist hinter dem Wasserfall eine Schatztruhe aus der Wikingerzeit versteckt.

ÜBERNACHTEN/ESSEN UND TRINKEN

Hótel Skógar

Am Wasserfall • In Fußentfernung zum Skógafoss und Skógasafn liegt das ruhige, fast luxuriöse Familienhotel. Ein edles Restaurant mit offenem Kamin befindet sich im Haus, näher beim Wasserfall liegt das größere Restaurant »Fossbuð« mit heimischer Küche. Im Garten locken Sauna und Hot Tub mit Blick auf den Gletscher.
Skógar • Tel. 4 87 48 80 • www.hotel-skogar.is • 1. Juni – 15. Sept. (für Gruppen ganzjährig geöffnet) • 12 Zimmer • €€€

Hotel Anna

Romantisch mit Bio-Qualität • Das kleinste Drei-Sterne-Hotel Islands ist eines der ersten, das einen Umweltpreis bekam. Am Fuß des Eyjafjallajökull gelegen, ehrt es »Anna«, eine frühe reisende Autorin der Region. Das sehr gute Essen aus lokalen Zutaten hat einen so guten Ruf, dass viele Gäste aus der Umgebung zum Dinner kommen.
Moldnúpur, auf der Straße 246, nahe Holt an der Ringstraße • Tel. 4 87 89 50 • www.hotelanna.is • 7 Zimmer • €€

Vík í Mýrdal   ▶ S. 151, F 12
600 Einwohner

Der südlichste Ort des isländischen Festlands, die »Bucht im Moortal«, liegt am Fuße des Hausbergs Reynisfjall reizvoll zwischen grünen Weiden und schwarzem Basalt. Er ist der einzige an der gesamten Küste ohne einen natürlichen Hafen – die Einwohner fahren gern mit Amphibienfahrzeugen aufs Meer – und der Ort mit dem meisten Niederschlag des Landes. Allerdings wechselt das Wetter sehr schnell, sodass Besucher nicht grundsätzlich im Nebel, Hagel, Schnee oder »im Regen stehen«. Die Sonne kommt häufig schnell wieder

Die Basaltsäulen von Reynisfjara (▸ S. 58) – von der Natur oder von Zauberwesen geformt? Die Felsen im Meer davor sind der Legende nach versteinerte Trolle.

hervor, deshalb sind Regenbogen hier häufiger und lebhafter als anderswo.

SEHENSWERTES

Reynisfjara

Der schwarze Lavasand macht den kilometerlangen schmalen Strand zu einem der zehn schönsten Europas. Obwohl kein Badestrand, wirkt er in Kombination mit grauem Meer und weißer Brandung manchmal wie ein Schwarzweißfoto mit malerischer Aussicht: Drei spitze Felsen, die Reynisdrangar, stehen im Meer und sollen versteinerte Nachttrolle sein, die beim Bergen eines gestrandeten Schiffs die Morgensonne vergaßen. Im Sommer brütet hier eine der größten Küstenseeschwalbenkolonien Europas. Nach Westen ist in der Ferne der Felsbogen von Kap Dyrhólæy (▸ S. 59) zu sehen, im Osten liegt eine beeindruckende Brandungshöhle, die mit ihren Or-gelpfeifen ähnlichen Basaltsäulen an ein Kirchenschiff erinnert.

MUSEEN

Brydebúð

Das kleine Kulturzentrum mit Café zeigt interessante Ausstellungen zu den hier gestrandeten Schiffen, das Leben der Fischer und die Aktivitäten des nahen Vulkans Katla. Víkurbraut 28 • http://brydebud.vik. is • Juni–Aug. Mo–Fr 11–20, Sa, So 13–20 Uhr

ÜBERNACHTEN

Hótel Höfðabrekka

Gemütlich in der Natur • Vom kleinen, freundlichen Landhotel blickt man direkt auf die Küste. Geräumige Zimmer in mehreren Gebäuden, das Frühstück ist abwechslungsreich. Mýrdalur • Tel. 4 87 12 08 • www. hofdabrekka.is • 72 Zimmer • €€ 5 km östl. von Vík

EINKAUFEN
Víkurprjon – Víkwolle

Eine der ältesten Wollfabriken Islands liefert noch heute die Klassiker, gestrickt, gefilzt und genäht. Die Wollverarbeitung ist zu besichtigen, mit Fabrikladen.

Austurvegur 20 • www.vikurprjon.is

SERVICE
TOUREN
Dyrhólæyferðir

Touren mit Amphibienfahrzeugen.
Vatnsskarðshólum • Tel. 4 87 85 00 • www.dyrholaey.com • See- oder Landtrip 4500 ISK

Arcanum

Touren auf den nahen Gletscher Mýrdalsjökull
Ytri-Sólheimar 1 • Tel. 4 87 15 00 • www.arcanum.is

Ziel in der Umgebung

◎ **Kap Dyrhólaey**   ▶ S. 151, F 12

Die Südspitze des Festlandes, die »Tür-Loch-Insel«, liegt 6 km abseits der Ringstraße. Sein charakteristischer Fels – 120 m hoch und mit einem Loch so groß, dass man per Boot hindurchfahren kann – ist bei gutem Wetter selbst von den Westmänner-Inseln aus zu sehen. Beliebt sind Bootstouren ab Vík, um die Felsen vom Meer aus zu betrachten.

◎ **Mýrdalsjökull**
▶ S. 151, F 11/12

Der 700 qkm bedeckende Gletscher, Islands viertgrößter, liegt nördlich von Vík. Unter seinem Eis ruht die **Katla**, einer der aktivsten Vulkane des Landes, der zuletzt 1918 ausbrach. Auf den Gletscher gelangt man per Schneemobil oder Hundeschlitten.
Ca. 70 km nördl. von Vík í Mýrdal

Vestmannaeyjar/Westmänner-Inseln   ▶ S. 151, E 12
4150 Einwohner

Wie dahin gestreute Klötzchen liegen 15 kleine Inseln vor der Südküste. Benannt sind sie nach versklavten Iren, den »Westmännern«, die nach 900 hierher flüchteten. Weltweite Aufmerksamkeit bekamen die Eilande 1973, als sich über Nacht neben dem einzigen Ort Heimæy eine Feuer speiende Vulkanspalte auftat. Monatelang verfolgten die schnell evakuierten Bewohner im Fernsehen, wie Asche und Lava Häuser und Hafen bedrohten. Die steile Lavakante und der neue Vulkan sind heute ein noch beliebteres Touristenziel als das nahe Inselchen Surtsey, das zehn Jahre zuvor durch einen Vulkanausbruch aus dem Meer auftauchte war. Berühmt sind auch die Felsen voller **Papageitaucher** und die südlichste Wetterstation Islands. Dank neuer Fährverbindung sind die »Westmänner« seit 2010 binnen einer halben Stunde erreichbar.

SEHENSWERTES
Eldfell und Helgafell

Seit 1973 ist Heimæy (das einzige ständig bewohnte Eiland der Westmänner-Inseln) eine Insel mit zwei Bergen: Helgafell, der ältere und grasbewachsene Gipfel, bietet den besseren Blick auf die Südwestspitze Stórhöfði, der neue Eldfell (»Feuerberg«), der noch aus lockerer Schlacke besteht, überblickt den Hafen und das neu geschaffene Lavagebiet. Nahe des Kraters ist der Boden an manchen Stellen fühlbar heiß – Touristenführer vergraben hier gerne Brot zum Backen. Der Weg ist mäßig anstrengend und dauert je rund eine halbe bis 1 Std.

Golfplatz

Der weltweit einzige Golfplatz in einem Vulkankrater – nach einer Seite offen und mit Blick aufs Meer – ist auch für Nichtgolfer einen Besuch wert. Für Golfer gibt es Tageskarten, der 18-Loch-Platz gilt als einer der besten des Landes. Auf den Klippen brüten Tausende Papageitaucher.
Vestmannaeyjavöllur • Tel. 4 81 23 63 • www.gvgolf.is

Heimaklettur

Der mit 283 m höchste Berg der Insel liegt gegenüber der Bucht Skansinn – der Aufstieg vom Hafen aus ist recht schnell geschafft, doch sind einige Leitern an den schwierigsten Steigungen zu erklettern. Von dort lässt sich ganz bis zur Nordwestspitze wandern, hoch über den Papageitaucherklippen, die man mit der Fähre ganz aus der Nähe passiert. In der Ferne sind meistens das Festland und der Eyjafjallajökull zu sehen.

Per Boot um die Inseln

Auf dem Meer wirken die Steilküsten der Inseln noch erstaunlicher – alle sind unbewohnt, doch auf manchen steht hoch oben eine Hütte oder Schafe grasen. Manchmal sind Wale zu sehen. In den Klippen voll nistender Vögel finden sich auch kleine befahrbare Höhlen – eine solche Bootstour dauert knapp anderthalb Stunden. Wer es rasant mag, fährt mit dem neuen Speedboot. Surtsey, die jüngste Insel der Welt, wird nur umfahren, nur forschende Biologen dürfen sie betreten.

Pompei Norðursins (Pompeji des Nordens)

Ein Drittel von Heimaey, rund 400 Häuser, war mit Lava oder meterhohen Ascheschichten bedeckt – und nur ein Teil ließ sich einfach wieder freilegen und renovieren. Jene unter fester Lava sind für immer verloren, doch einige unter dichter Asche werden seit einigen Jahren wieder ausgegraben. Fast wie im alten Pompeji, nur dass hier keine Menschen zu Tode kamen. Das Projekt geht nur langsam voran, wer möchte, darf sogar mitbuddeln. Mit viel Fantasie beschreibt die Autorin Yrsa Sigurðardóttir in ihrem Krimi »Das glühende Grab«, was man wohl in den Häusern finden könnte.

Skansinn

Der kleine Verteidigungswall Skansinn bewacht heute die Hafeneinfahrt und die hölzerne Stabkirche, ein Geschenk Norwegens zu 1000 Jahren Christentum. Das zweitälteste Haus der Insel, Landlyst, zeigt eine kleine Medizinausstellung. Im Sommer lässt sich hier im Kaffi Skans eine Pause einlegen. Direkt daneben geht die Straße steil nach oben: auf die Lavazunge, die 1973 erst hier zum Stillstand kam. Vom oberen Rand bietet sich ein malerischer Blick über Heimaey, besonders bei Nacht.

Stórhöfði

Die Südwestspitze Heimaeys ist mit Leuchtturm und bemannter Wetterstation nicht nur der südlichste bewohnte Punkt Islands – weiter gen Süden trifft man auch erst in der Antarktis wieder auf Land –, es ist auch der windigste Ort ganz Islands. Nur an vier Tagen im Schnitt ist hier Windstille, doch der fantastische Ausblick über alle Inseln lohnt allemal.

Die südlich vor der Küste verstreut liegenden Westmänner-Inseln (▶ S. 59), 15 an der Zahl, sind – hier die bewohnte Hauptinsel Heimaey – vulkanischen Ursprungs.

MUSEEN

Náttúrugripasafnið (Naturkunde-museum)/Sæheimar Aquarium

Ein Museum voller Natur: Das ganze Spektrum der hier brütenden Vögel »fliegt« ausgestopft weiter, im Aquariensaal tummeln sich Fische und Krabben und frei in den Räumen manchmal verwaiste Jungvögel. Dazu wartet – etwas verstaubt – eine der besten Gesteinssammlungen Islands. Heiðarvegur 12 • www.saeheimar.is • 16. Mai– 15. Sept. tgl. 11–17, 16. Sept–15. Mai Sa 13–16 Uhr • Eintritt 500 ISK, Kinder frei

Sagnheimar Byggðasafnið

Das Heimatmuseum mit Fotosammlung zeigt per Multimedia und zum Anfassen das Leben der Fischerfamilien auf Heimæy vor dem Vulkanausbruch. Bilder illustrieren den Überfall algerischer Piraten im Jahr 1627, die 242 Menschen als Sklaven verschleppten.

Ráðhúsströð • www.sagnheimar.is • 15. Mai–15. Sept. tgl. 11–17, 16. Sept.–14. Mai Sa 13–16 Uhr • Eintritt 1000 ISK, Kinder frei

Surtseyjarstofa

Die Ausstellung über die »neugeborene« Insel Surtsey informiert über ihre geologische Geschichte und die Entwicklung des Lebens, das sich seit damals vom Menschen ungestört dort entwickelt hat. Heidarvegur 1 • Tel. 5 91 20 00 • 16. Mai–15. Sept. tgl. 11–17 Uhr

Volcano Show

Zwei teils preisgekrönte Filme zeigen den Vulkanausbruch von 1973 und den Wiederaufbau, dazu Szenen zur Entstehung von Surtsey. Kino Ecke Vestmannabraut/Heiðarvegur • 15. Mai–15. Sept. tgl. 15.30, 15. Juni–31. Aug. auch 14 und 21 Uhr • Eintritt 800 ISK, Kinder 400 ISK

ÜBERNACHTEN
Hótel Eyjar

Gemütlich • Das kleine Hotel nah am Hafen zwischen Hafen und Lavazunge bietet geräumige Zimmer im ländlichen Stil und mit Kochgelegenheit. Großer Frühstücksraum.
Bárustig 2 • Tel. 4 81 36 36 • www.hoteleyjar.eyjar.is • 10 Apartments • €€

Hótel Vestmannaeyjar

Frisch vergrößert • Das frühere Hótel Þórshamar im Zentrum des Ortes bietet seit 2012 mehr Raum und gleichbleibend hohe Qualität. Das Drei-Sterne-Haus ist stolz auf seine Qualitätsbetten, auf Sauna und Whirlpool und den Billardtisch in der Lounge.
Vestmannabraut 28 • Tel. 4 81 29 00 • www.hotelvestmannaeyjar.is • 18 Zimmer, 3 Suiten • €€

ESSEN UND TRINKEN
Café María

Klein aber oho • Die auch bei Einheimischen beliebte Mischung aus Café und Restaurant bietet leckere Hauptgerichte von Crêpes über Hamburger bis Fisch und Papageitaucher.
Skólavegi 1 • Tel. 4 81 31 60 • €€

Fjólan

Leckerer Fisch • Das Lokal im Hótel Þórshamar. Die Hauptgerichte – frisch aus dem Meer – sind, neben regionalen Spezialitäten, besonders zu empfehlen. Am besten den »Fang des Tages« probieren.
Vestmannabraut 28 • Tel. 4 81 36 63 • €€

Café Kró

Kaffeeklatsch mit Geheimtipps • Das Café am Hafen gehört zum Familienunternehmen Vikingtours – beim besten Cappuccino der Stadt, Kuchen und Snacks kommt man hier schnell mit Touristen und den Besitzern ins Plaudern.
Smábátabryggju • Tel. 4 88 48 84 • www.vikingtours.is • €

AM ABEND
Volcano Café

Das Café wird abends zur Bar, hier treffen sich die Einheimischen, hier spielt die Livemusik der Insel.
Bárustigur 2

EINKAUFEN
Galerie BKgler

Die Glaskünstlerin Berglind Kristjánsdóttir bannt unter anderem Vulkanausbrüche ins Glas, die vor einer flackernden Kerze beinahe lebendig aussehen. Die kleine Galerie betreibt sie mit einer Wollkünstlerin, die sich auf ausgefallene Kragen spezialisiert hat.
Skildingavegur 16, Eckhaus am Hafen • www. 123.is/BKgler

Gallerí Heimalist

In der kleinen Verkaufsgalerie bieten Künstler und Kunsthandwerker der Insel als Kooperative gemeinsam ihre Werke an: von Pullovern über Gemälde bis hin zu Schmuck.
Bárustígur 9 • www.kickme.to/heimalist

SERVICE
ANFAHRT
Eagle Air

Flugfélag Enir fliegt 20 Min. ab Reykjavík.
Flughafen Reykjavík • Tel. 5 62 42 00 • www.eagleair.is • tgl. zwei Verbindungen • Einzelstrecke 12 200 ISK, Kinder 6900 ISK

Herjólfur-Fähre

Die Herjólfur-Autofähre ab Landeyjahöfn bei Bakki hilft seit Sommer 2010, die Inseln binnen 30 Min. zu erreichen. Die alte 3-Std.-Strecke ab Þorlákshöfn nahe Reykjavík wird nur in Notfällen befahren.
Básaskersbryggja, Vestmannaeyjar • Tel. 4 81 28 00 • www.herjolfur.is • Mai–Sept. tgl. 4–5 Fahrten, Okt.– April tgl. 3–4 Fahrten • Einzelfahrt 1150 ISK, Kinder 575 ISK, Auto 1840 ISK

AUSKUNFT

Touristeninformation

Im Buchladen Eymundsson, Bárustíg 2 • Tel. 4 88 25 55 • www.vest mannaeyjar.is, www.visitwestman islands.com • 15. Mai–15. Sept Mo–Fr 10–18, Sa, So 11–17, sonst Mo–Sa 11–17 Uhr

TOUREN

Bootstouren und Führungen

– Eyjamynðir Inseltouren: Faxastíg 33 • Tel. 4 81 10 45 • http://tourist.eyjar.is
– Ribsafari Speedboote: Am Hafen • Tel. 6 61 18 10 • www.ribsafari.is
– Viking Tours: Suðurgerði 4 • Tel. 4 88 48 84 • www.vikingtours.is

Kirkjubæjarklaustur

> ▶ S. 152, B 15

150 Einwohner

Der Zungenbrecher-Ort im Zentrum der Südküste wird von den Einheimischen meist nur Klaustur genannt. Dabei verrät der Name »Kirchen-Gehöft-Kloster«, dass hier in frühen Jahren irische Mönche und später Benediktiner-Nonnen siedelten. 1793 stand hier jene Kirche, in der Pfarrer Jón Steingrímson in seiner feurigen Predigt einen drohen-

MERIAN-Tipp

VULKANE AUF DER LEINWAND

Absolut sehenswert ist der Film »Eldmessa« (Feuer-Predigt), der mit nachgestellten Szenen im Stummfilm-Stil den katastrophalen Ausbruch des Laki im Jahr 1793 und seine Folgen schildert – bis zu weltweiten Missernten und der Französischen Revolution. Er läuft bei Bedarf in der Touristeninformation Skaftárstofa in Kirkjubæjarklaustur (▶ S. 64). Modernere Bilder liefert auf den Westmänner-Inseln der preisgekrönte Film in der Volcano-Show (▶ S. 61) über den dortigen Ausbruch 1973. In Stykkishólmur in den Westfjorden wartet das einzigartige Vulkanmuseum Eldfjallasafn (▶ S. 104), und in Reykjavík machen Filme und Ausstellung im Volcano House (Tryggvagata 11, www.volcano house.is, tgl. 10–23 Uhr) die Feuergewalt der Natur lebendig.

den Lavastrom offenbar zum Stoppen brachte. Das heutige Gotteshaus ist ihm gewidmet. Die Spuren des gewaltigen Vulkanausbruchs sieht man westlich im enormen Lavafeld **Eldhraun** und nördlich an den Kratern des Vulkans **Laki**, der mächtigen Lavaspalte **Eldgjá** und der bunten Badestelle **Landmannalaugar**. Der Ort ist Ausgangspunkt für Touren in die Umgebung.

SEHENSWERTES

Kirkjugólfið & Dverghamrar

Einst galt der »Kirchenboden« als Überrest eines Gotteshauses und menschengemacht, doch die tennisfeldgroße Fläche aus abgeschliffenen vieleckigen Basaltsäulen hat die Natur geschaffen. Das Feld liegt einige Gehminuten vom Kreisel am Ortseingang entfernt – ausgeschildert – auf einer grünen Wiese. Meterhoch aus dem Boden heraus ragen hingegen die Basaltsäulen »Dverghamrar«, nahe dem hohen, schmalen Wasserfall »Foss à Siðu« 10 km östlich.

Skaftáreldahraun

Das große Lavafeld (inzwischen von dichtem Moos bewachsen) zieht sich beiderseits der Ringstraße bis hoch in die Berge. Es ist bis 12 m dick und mit fast 600 qm Fläche die größte Lavamasse, die je von einer einzigen Eruption an die Oberfläche kam. Der Laki-Ausbruch von 1793 dauerte mehrere Monate an und begrub die Region unter rotglühendem Gestein und giftiger Asche. Geführte Wanderungen im »Eldhraun« (Feuer-Lava) besuchen auch Phänomene wie kleine Lavahöhlen.

Systrastapi

Westlich von Klaustur liegt der Felsen Systrastapi (»Schwesternpfeiler«), im Andenken an zwei Nonnen des Benediktiner-Klosters, das bis ins 16. Jh. bestand. Sie wurden wegen ihrer Kontakte zum Teufel verbrannt. Zwei weitere Nonnen wurden am See Systravatn von einer Hand ins Wasser gezogen, und auch der Wasserfall Systrafoss oberhalb von Klaustur erinnert an die Nonnen.

ÜBERNACHTEN

Hótel Geirland

Hell und angenehm • Die einstige Familienfarm besteht heute aus mehreren Cottages und Langhäusern, die geräumigen Zimmer sind im funktionalen skandinavischen Stil eingerichtet. Das Hotel liegt mitten im Grünen, der große Frühstückssaal dient abends als Restaurant und gemütliche Bar.
Straße 203 • Tel. 4 87 46 77 • www.geirland.is • 40 Zimmer • €€
Ca. 1 km nördl. von Klaustur

Hörgsland 🛉🛉

Im Grünen • Viele kleine Holzhäuschen mit großer Veranda und eigener Kochgelegenheit für Selbstversorger. Doch auch ein Restaurant mit Frühstück und Abendküche steht bereit. Mit Hot Tubs und Spielplatz.
Hof Hörgsland an der Ringstraße • Tel. 4 87 66 55 • www.horgsland.is • €€
5 km östl. von Klaustur

ESSEN UND TRINKEN

Systrakaffi

Sandwich und Lamm • Neben den Hotelrestaurants bietet die Kaffeebar, das »Schwestercafé«, auch herzhafte Speisen: von Snacks bis zu Lammbraten oder Forelle aus der Umgebung. Beliebter Treff der Einheimischen.
Klausturvegur 13 • Tel. 4 87 48 48 • €

SERVICE
AUSKUNFT
Touristeninformation Skaftárstofa

Gemeindezentrum Kirkjuvoll, Klausturvegur • Tel. 4 87 46 20 • www.klaustur.is • Juni–15. Sept. Mo–Fr 9–21, Sa, So 10–18 Uhr

TOUREN
Touranbieter

– Hólasport: bei Hótel Laki • Tel. 6 60 11 51 • www.holasport.is
– Jeppaferðir: Hörgsland • Tel. 4 87 66 55 • www.horgsland.is

Ziele in der Umgebung

◎ Eldgjá (Feuer-Spalte)

▶ S. 152, A 15

Die 75 km lange, bis zu 600 m breite und 200 m tiefe Vulkanspalte zwischen Klaustur und Landmannalaugar entstand etwa zur Landnahmezeit – auch damals gab es große Missernten in Europa und dem Mittleren Osten. Später wurde sie allerdings von den immensen Lavaströmen der Laki-Eruption zum Teil aufgefüllt. Die Ostkante der Eldgjá ist per Schotterpiste zu erreichen, ein Fußweg führt zum fantastischen Wasserfall Ófærufoss.

66 km nordwestl. von Klaustur

◎ Lakagígar (Laki-Krater)

▶ S. 152, A 14/15

Die 25 km lange Kraterreihe des Laki-Vulkans, 65 km nördlich im Hochland, erstreckt sich bis zum Gletscher Vatnajökull und gehört zum gleichnamigen Nationalpark.

Vom Laki-Krater aus sind die Reihe und ihre Umgebung besonders eindrucksvoll zu sehen.

Erreichbar nur mit Allradfahrzeug, Tour oder im Juli und August tgl. per Hochlandbus mit 3 Std. Aufenthalt.

Ca. 50 km nördl. von Klaustur

◎ Landmannalaugar ⭐

▶ S. 151, F 11

Die »heißen Quellen der Menschen vom Land« liegen im südlichen Hochland, und ihr Umfeld gilt als eines der schönsten Islands: Das vulkanische Rhyolith- oder Liparitgestein, dazwischen Kalk- und Schwefelspuren und schwarz glänzender Obsidian sorgen für ein Farbspektrum von Graubraun bis Grauschwarz mit roten, blauen oder gelben Schimmern. Grünes Moos und stellenweise Schnee setzen die i-Tüpfelchen. Mittendrin ein Solfatarenfeld und besagte Quellen für ein entspannendes heißes Bad.

Ein Bilderbuchmotiv: der Wasserfall Ófærufoss, malerisch in der Feuer-Spalte Eldgjá (▶ S. 65) an den Ausläufern des isländischen Hochlandes gelegen.

Auch Reittouren oder Angeln im Hochlandsee sind hier möglich, eine einfache Berghütte für 110 Personen macht das Übernachten möglich.

Für Wanderer beginnt hier der spektakulär schöne **Laugarvegur**, der 54 km lange »Weg der heißen Quellen« über **Þorsmörk** bis nach **Skógar** an der Südküste (beide mit Busverbindung). 3–4 Tage dauert die gesamte Trekkingstrecke, unterwegs gibt es Hütten (im Vorfeld buchen) und Zeltmöglichkeiten.

98 km nordwestl. von Klaustur

ÜBERNACHTEN/ESSEN UND TRINKEN

Hotel Highland

Oase im Nichts • Rund 30 km entfernt vom Vulkan Hekla und dem Laugarvegur, eine Fahrtstunde von Hella entfernt, wirkt das Hotel wie dahingewürfelte Container inmitten der Vulkanlandschaft. Innen jedoch warten schlichte, aber stilvolle Räume, Sauna und Hot Tub. Abends nicht zu spät anreisen! Einfacher und günstiger ist es im gemeinsam betriebenen Gästehaus Highland Center Hrauneyjar (www.hrauney jar.is).

Sprengisandur Straße F 26 • Tel. 4 87 77 82 • 16 Zimmer, 4 Familien-Apartments, 4 Suiten • www.hotelhighland. is • 15. Juni–7. Sept. geöffnet • €€€

MERIAN-Tipp   8

HINAUF AUF DEN GLETSCHER

Eine Eiswüste – mal blendend weiß, mal durch schwarze Vulkanasche marmoriert und bei Weitem nicht so glatt wie erwartet – erschließt sich am besten zu Fuß oben auf dem Gletscher. Es ist glitschig, deshalb sind Eiskrampen unbedingt nötig. Und wegen tückischer Gletscherspalten sind Wanderungen auf dem Eis nur mit Führung zu empfehlen. So erfährt man auch manche Geschichte und kommt an die spannendsten Stellen. In manchen Bereichen sind auch rasante Schneemobiltouren möglich.

Anbieter: www.hoffell.com, www.glacierguides.is, www.oraefaferdir.is, www.mountain guides.is, www.vatnajokull.is, www.glacierjeeps.is

SERVICE

Die Region um Landmannalaugar ist nur mit Allradfahrzeugen erreichbar. Einfacher ist die Fahrt mit einem der täglichen Hochlandbusse zwischen Juni und August, die etwa von Hella aus (mit Startpunkt Reykjavík) oder von Kirkjubærklaustur fahren und je rund 3 Std. Aufenthalt haben. Eine dritte Route führt nach Norden Richtung Mývatn. Das Busticket Reykjavík-Landmannalaugar-Skaftafell etwa von Reykjavík Excursions (www.re.is) kostet rund 5000 ISK. Zahlreiche Anbieter haben Landmannalaugar-Touren im Programm:

Information: www.landmannalaugar. info

Geführte Touren: www.isafoldtravel. is, www.fi.is, www.utivist.is, www. mountainguide.is

Reittouren: www.hnakkur.com, www. hekluhestar.is

◎ Núpstaðaskógur

▶ S. 152, B 15

Nachdem die ersten Siedler das Holz des einheimischen Walds weitgehend zu Schiffen verarbeitet hatten,

In der Region Landmannalaugar beginnt der Laugarvegur (▶ S. 66), der über 50 km lange »Weg der heißen Quellen« und atemberaubendes Terrain für Trekkingtouren.

wuchsen Bäume kaum nach. Einer der seltenen Wälder liegt nahe dem Gehöft Núpsstaðir, wo noch alte typische Grassodenhäuser und eine solche Kirche zu sehen sind. Der Wald auf den Hügeln des Eystrafjall, zwischen schwarzem Küstensand und dem Eis des Vatnajökull, ist eine Spazierpause wert, die Vegetation wechselt nach jeder Kurve. Ausgangspunkt ist ein Weg kurz hinter Núpsstaðir auf der Ringstraße.

Vatnajökulsþjóðgarður (Nationalpark Vatnajökull) ▶ S. 152, B/C 14/15

Der größte Nationalpark Europas umfasst 12 000 qkm – den größten Teil des Südostens und etwa 12 % der gesamten Fläche Islands. Sein Herzstück: der **Vatnajökull** ⬡6, »Wassergletscher«, ein Gigant unter Europas Gletschern und drittgrößter der Welt. Sein Eisschild ist bis 900 m hoch und bedeckt mehr als 8100 qkm, darunter mehrere aktive

Vulkane, die beim Ausbruch für große Schmelzwassermassen sorgen. Mitten drin liegt Islands höchster Gipfel, der 2110 m hohe **Hvanna-dalshnúkur**, eine Herausforderung für jeden ambitionierten Bergsteiger. Die meisten Besucher nähern sich dem Vatnajökull von Westen durch die karge Ebene **Öræfi**, die »Einöde«. Urplötzlich ragt er daraus empor. Seine Eismassen fließen gemächlich in zahlreichen Gletscherzungen ab, vor allem in Richtung Süden. Entlang der Küstenstraße führen Wanderwege an die abschmelzenden Enden verschiedener Talgletscher. Donnernd fallen Wasserfälle über schroffe Klippen, beinahe lieblich sind Pflanzenoasen wie kleine Birkenwäldchen, die das Schmelzwasser nährt. Und auch die Eiszungen selbst mit ihren Höhlungen sind schon vom Erdboden aus sehenswert und gern besucht. Beliebte Ziele sind vor allem der **Skaftafell-Naturpark**, der seit 2008 auch Teil des Vatnajökull-

Nationalparks ist, die Gletscher um den **Skálafellsjökull** nahe Höfn sowie die Eisberglagune **Jökulsárlón** 7 www.visitvatnajokull.is

WUSSTEN SIE, DASS …

… Island Europas volumenmäßig größten Gletscher beherbergt, den Vatnajökull? Alle fünf Gletscher bedecken 11 % des Landes. Gullfoss und Dettifoss sind zudem Europas gewaltigste Wasserfälle.

ÜBERNACHTEN

Fosshotel Skaftafell

In bester Lage • Als einziges Hotel am Eingang zum Nationalpark bietet es gute Standardunterkunft. Die Zimmer sind schlicht, aber freundlich eingerichtet, manche fallen ein wenig klein aus.
Freysnesi, Öræfi • Tel. 4 78 19 45 • www.fosshotel.is • Nov.–Jan. geschl. • 63 Zimmer • €€€

Smyrlabjörg Country Hotel

Charmant mit bestem Buffet • Auf halbem Weg nach Jökulsárlón liegt das Landhotel an einem Bauernhof. Helle, moderne Räume im Motel-Stil und ein sympathisches Hauptgebäude, in dem morgens und abends ein opulentes Buffet mit örtlichen Spezialitäten wartet.
Smyrlabjörg í Suðursveit, Höfn í Hornafirði • Tel. 4 78 10 74 • www.smyrlabjorg.is • 5. Jan.–21. Dez. • 45 Zimmer • €€

EINKAUFEN

Ein blaues »WOW«-Logo findet sich an zahlreichen Produkten der der Region – es kennzeichnet kulinarische Souvenirs, echte Handarbeit

und besonders nachhaltig arbeitende Kleinunternehmer rund um den Vatnajökull.

SERVICE

Skaftafellsstofa Besucherzentrum

Die »Skaftafell-Stube« zeigt in einer Ausstellung die Wirkung von Feuer und Eis auf die ganze Region und ihre Menschen. Vor allem aber liefern Ranger detaillierte Informationen über Wanderwege, Aktivitäten und Unterkünfte. Ein kleiner Flughafen auf der anderen Seite der Ringstraße bietet Rundflüge über den Gletscher an (Atlantsflug www.atf.is).
Ringstraße, etwa mittig zwischen Vík und Höfn • Tel. 4 70 83 00 • www.vatnajokullpark.is • Nov.–Feb. 11–15, März–20. Mai 9–16, 21. Mai–15. Juni 9–19, 16. Juni–20. Aug. 8–21, 21. Aug.–Sept. 9–19, Okt. 10–17 Uhr

Ziele in der Umgebung

◎ **Ingólfshöfði** ▸ S. 152, C 15

Südlich von Skaftafell an der Küste liegt ein langer Streifen Land im Meer, in das die vielen Schmelzwasserbäche ablaufen. Dieses Gebiet ist nach dem ersten Siedler Ingólfur Arnarson benannt, der hier wahrscheinlich im Jahr 870 seinen ersten isländischen Winter verbrachte. »Ingólfs Kap« ist heute Vogelschutzgebiet – vor allem für Papageitaucher und Raubmöwen. Nur sieben seit Jahrhunderten ansässige Familien durften bleiben. Zu betreten ist Ingólfshöfði nur mit einer dreistündigen geführten Tour. Dafür ist die Anreise durchs Watt extra abenteuerlich: auf einem trecker-gezogenen Heuwagen.
Anbieter »From Coast To Mountains«: Tel. 8 94 08 94 • www.hofsnes.com

Ein beliebtes Ausflugsziel ist der Skaftafell Nationalpark. Eine der schönsten Gletscherzungen des Vatnajökull (▶ S. 67) ist der Svínafellsjökull.

◎ Jökulsárlón Gletscherlagune ✦ ▶ S. 152, C 15

Ein fast unwirkliches Naturschauspiel taucht unerwartet in der monochromen Küstenlandschaft zwischen Skaftafell und Höfn auf: Unter einer Straßenbrücke treiben kleine weißblaue Eisberge langsam zum Meer. Wer näher heran will, wagt sich direkt auf die Gletscherlagune, in die der nahe Breiðamerkurjökull kalbt. Ein Amphibienboot fährt inoffiziell fast das ganze Jahr über, kleinere Gummiboote nur im Sommer. Selbst bei Regen ist die halbstündige Tour lohnend – die sonst weißen Eisberge leuchten wieder ganz blau, dazwischen tummeln sich spielende Seehunde. Aufwärmen kann man sich in der kleinen Kaffeestube mit Imbiss an der Bootsanlegestelle. Danach lohnt ein Spaziergang an den Strand auf der anderen Straßenseite, wo fast gläserne Eisreste auf schwarzem Sand schimmern.

Ringstraße, rund 65 km ab Skaftafell • Tel. 4 78 22 22 • www.jokulsarlon.is • Juni–Aug. 9–19, Sept.–Mai 10–17 Uhr, Weihnachten und Neujahr geschl. • Touren Mai–Sept., in der Hochsaison alle 30 Min. • Preis 3500 ISK, Kinder 1000 ISK

Höfn í Hornafjörður

▶ S. 153, E 14

1700 Einwohner

Orte mit dem Namen »Hafen« sind nicht selten in Island, deshalb gehört im Zweifel der richtige Fjordname dazu. Das größte Höfn befindet sich im Südosten Islands auf einer Landzunge: Das aufstrebende Städtchen lebt, seit die Ringstraße ausgebaut ist, neben Handel und Fischerei zunehmend vom Tourismus. Seine Nähe zum **Vatnajökull**, zum Vogelparadies Wattlandschaft und zu den **Ostfjorden** macht es zu einem passenden Hauptquartier für Touren in alle Richtungen. Obendrein ist mit wachsender Einwohnerzahl auch das Angebot an Kultur- und Nachtleben gestiegen. Kulinarisch ist der Ort für seine großartigen Langusten bekannt und feiert sie Anfang Juli beim Hummerfestival »**Humarhátíð**«.

SEHENSWERTES

Ósland

Die Spitze der Landzunge, ein Vogelschutzgebiet, lädt zu Spaziergängen unter Singschwänen, Eistauchern und Küstenseeschwalben ein.

MUSEEN

Gamlabúð

Das Heimatmuseum, der »alte Laden«, zeigt in einem Getreidespeicher von 1864 viele Exponate zum Leben von einst.

Hafnarbraut • Tel. 4 78 18 33 • 15. Mai–15. Sept. 13–17 Uhr • ♿ • Eintritt frei

Jöklasýning Ís-Land (Gletscherausstellung Eis-Land)

Wenn der Gletscher schon vor der Tür liegt, warum ihn nicht nach drinnen holen? Hier präsentieren Forscher und Künstler in einer großen Ausstellung alles über die gewaltigen Eiszungen – interaktiv und per Multimedia. Vom Dach ist wieder der echte Vatnajökull zu sehen.

Hafnarbraut 30 • Tel. 4 78 15 00 • www.ice-land.is • Mai–Sept. tgl. 10–18 Uhr • Eintritt 1000 ISK, Kinder frei

Pakkhúsið

Das »Packhaus« am Hafen beherbergt ein kleines Seefahrtsmuseum und Kunstgegenstände der Handwerkerinitiative Handraðinn.

Hafnarbraut • Juni–Aug. tgl. 14–19 Uhr • Eintritt frei

ÜBERNACHTEN

Hótel Höfn

Fantastischer Blick • Direkt am Hafen liegt das Hotel mit seinem etwas altmodischen Charme. Die Aussicht geht auf Gletscher oder den alten Hafen. Allerdings fehlt der Aufzug.

Víkurbraut • Tel. 4 78 12 40 • www.hotelhofn.is • ganzjährig geöffnet • 68 Zimmer • ♿ • €€€

Gistingheimilið Hólmur ♿♿

Mit eigenem Zoo • Eine halbe Stunde westlich von Höfn liegt das Gästehaus mit schlichten Räumen. Clou ist aber der Zoo mit Rentieren, Schafen und Heimtieren. Kinder dürfen beim Füttern mithelfen.

Hólmur, Höfn í Hornafirði • Tel. 4 78 20 63 • www.eldhorn.is/mg/gisting • ganzjährig geöffnet • 8 Zimmer • ♿ • €€

ESSEN UND TRINKEN

Kaffi Hornið

Rustikal • Im Blockhausstil mit Kunst an den Wänden serviert die beliebte »Kaffee-Ecke« am Hafen auch Herzhaftes aus der Region, in

besonders großen Portionen. Natürlich auch die örtlichen Hummerschwänze, geröstet mit Sauce.
Hafnarbraut 42 • Tel. 4 78 26 00 •
E-Mail: kaffihornid@eldhorn.is • tgl.
11.30–22 Uhr • €€

Ósinn

Gediegen • Das Familienrestaurant bietet gut zubereitete Klassiker wie Lamm, Fisch, Ente und Hummerschwänze.
Víkurbraut 24 • Tel. 4 78 12 40 • Mai–Aug. tgl. 12–22, Sept.–April tgl. 18–21 Uhr • €€

Café Tulinius

Altmodisch isländisch • Im Haus von Höfns erstem Siedler Otto Tulinius bietet das herrlich altmodische Café-Restaurant am Hafen typisch Einheimisches wie Cremetorten oder Roggenfladen mit Lamm.
Hafnarbraut 2 • Tel. 8 92 97 07 • Mo–Fr 11–21 Uhr • €

Jökla-Ìs

Eis der Region • Die Marke »Gletscher-Eis« – mit Blaubeer- und Löwenzahngeschmack und neuerdings sogar Bier-Aroma – lässt sich zwar auch in Höfn testen. Original schmeckt es aber auf der kleinen Farm Brunnhóll, wo auch ein Restaurant und im Sommer ein gemütliches Gästehaus betrieben wird.
Mýrar, Hornafjörður • www.brunnholl.is • €

SERVICE
AUSKUNFT
Tourist Information Höfn

Hafnarbraut 30 • Tel. 4 78 15 00 •
www.visitvatnajokull.is • Juni–Aug.
10–18, Mai, Sept. 13–18, Okt.–April
13–16 Uhr

Ziele in der Umgebung

◎ Jöklasel Hütte   ▶ S. 153, D 14

Hoch oben auf dem Vatnajökull, an seinem Ausläufer Skálafellsjökull, bietet ein Café den wohl erhebendsten Rundblick von ganz Island. Beliebt sind auch Schneemobiltouren von hier über den Gletscher. Erreichbar ist die Hütte nur mit Allradfahrzeugen über die Straße F 985. Von Höfn fährt im Sommer auch ein Hochlandbus tgl. ab 8.30 Uhr.
Juni–15. Sept. 11–17 Uhr geöffnet,
Touren für 12 000 ISK bieten:
– Glacier Jeeps: Tel. 4 78 10 10 • www.glacierjeeps.is
– Vatnajökull Travel: Tel. 8 94 16 16,
www.vatnajokull.is
Ca. 30 km westl. von Höfn

◎ Lónsöræfi   ▶ S. 153, E 14

Farbenprächtige Rhyolitberge ziehen sich durch ein einzigartiges Naturschutzgebiet. Wanderwege führen am Ufer des Gletscherflusses Jökulsa i Lóni entlang, der in einem vogelreichen Delta mit Lagune mündet. Ein einsamer Hof mit Kirche steht nahe der Ringstraße in Stafafell.
30 km nordöstl. von Höfn

◎ Þórbergssetur Kulturzentrum und Restaurant
▶ S. 153, D 14

Wie ein riesiges Regalbrett voller Bücher ist das Kulturzentrum in Hali gebaut, 13 km östlich des Jökulsárlón. Von dort stammt Dichter Þórbergur Þórðarson. Das Zentrum zeigt sein Werk, aber auch andere Ausstellungen. Beliebt ist auch das Restaurant mit lokalen Spezialitäten.
Hali • www.thorbergssetur.is • Juni–Mitte Sept. tgl. 9–21, Mitte Sept.–Mai tgl. 12–16 Uhr • €€
67 km westl. von Höfn

Der Osten

Die geologisch älteste Region bietet malerisch zerklüftete Fjordlandschaften vor kargem Hochland. Nur am Nordwest-Rand um den See Mývatn arbeitet der Untergrund noch immer.

◄ Einer der bekanntesten Wasserfälle im Land: der »göttliche« Goðafoss (► S. 87).

Der Westen   Der Norden   Der Osten

Reykjavík und   Der Süden
Umgebung

Islands Ostküste ist weit entfernt von der vulkanischen Zone, die sich schräg durch die Mitte der Insel zieht. Zahlreiche Flüsse fließen von Schneegipfeln zum Meer und haben über Jahrmillionen tiefe Fjorde ausgewaschen, an denen heute kleine Fischerdörfer liegen. Besonders reizvoll ist dies vom Fährdampfer zu sehen, der von Europa aus in Seyðisfjörður einläuft. Angenehm im Osten ist auch das Wetter, das zum trockensten und sonnigsten in ganz Island gehört. Regionalzentrum ist **Egilsstaðir**. Zur Küste hin flacht das Land ab und endet am nördlichsten Landpunkt Islands, dem Ort Raufarhöfn auf der Halbinsel **Melrakkaslétta**. Im Westen davon beginnt die vulkanisch aktive Zone rund um den **Mývatn** 🔟.

Die Ostfjorde   ► S. 149, F 7/8

Anders als ihre Vettern im Westen haben sich diese Fjorde feiner und sanfter ins Gelände eingeschnitten. Trotzdem sind Serpentinen oder Tunnel nötig, um die kleinen Fischerorte am Ufer zu erreichen. Daher sind die meisten von ihnen noch entsprechend ruhig und verträumt, auch wenn manche mit Industriebetrieben ihr Geld erwirtschaften. Es hat seinen besonderen Reiz, den Weg zum nächsten Fjord zu Fuß zurückzulegen – in geologisch alter Landschaft zwischen bunten Rhyolit-Hängen und hübschen Wasserfällen. In der Tundra streifen wilde Rentiere umher, während an der Küste unzählige Seevögel nisten und sich Robben und Delfine tummeln.

Djúpivogur   ► S. 149, F 8
400 Einwohner

Der älteste Hafen im Osten liegt am Berufjörður, hier handelte im 16. Jh. auch die Hanse und später die Dänen. Im roten **Langabúð** von 1790 sind das Heimatmuseum, eine Skulpturensammlung des Künstlers Rikarður Jóhnsson und die Touristeninformation untergebracht (Tel. 4 78 82 20, www.langabud.is). Per Boot geht es zum nahen **Papey**, der »Popen-Insel«, auf der vor Ankunft der Wikinger irische Mönche siedelten (www.djupivogur.is/papey). Auch die seenreiche Landzunge **Búlandsnes** ist berühmt für ihre Vogelvielfalt (www.birds.is) und begeistert Hobby-Ornithologen.

ÜBERNACHTEN/ESSEN UND TRINKEN
Hótel Framtíð

Gemütlich am Hafen • Das kleine Haupthaus von 1909 bietet im modernen Anbau und vier Cottages großzügige Räume, die Hälfte davon mit Bad. Eine Sauna und drei Restaurants gehören dazu.
Vogaland 4 • Tel. 4 78 88 87 • www.simnet.is/framtid • 46 Zimmer • €€

EINKAUFEN
Verslunin Arfleifð

Faszinierende Kleidung und Accessoires fertigt die Designerin Ágústa Arnardóttir aus Fisch- und Rentierleder und lässt sich in Werkstatt und

Boutique bei ihrer Arbeit über die Schulter sehen.
Hammersminni 16 • www.arfleifd.is

Fáskrúðsfjörður ▸ S. 149, F 8

700 Einwohner

Zweisprachige Straßenschilder erinnern an die französischen Seeleute, die um 1900 lange hier lebten und eine eigene Kirche hinterließen. Das »Kaffi Fransmenn á Íslandi« bietet im Sommer neben leckeren Kuchen und Kaffee auch ein Museum jener Zeit (www.fransmenn.net). Auf kleinen Inseln tummeln sich Papageitaucher und Eiderenten.

SEHENSWERTES

Steinasafn Petru

Ein Mineralien-Paradies liegt am Nachbarfjord Stöðvarfjörður: Jahrzehntelang sammelte Petra Sveinsdóttir Steine – ihre geologische Privatsammlung ziert Haus und Garten.
Fjarðarbraut 21 • www.steinapetra. com • tgl. 9–18 Uhr • 400 ISK
25 km südl. von Fáskrúðsfjörður

ÜBERNACHTEN

Hotel Bjarg

Mit bestem Blick • Liebevoll mit schrägen Details schafft das Hotel mit Fjordblick ein Wohlfühlambiente. Einige Räume mit Bad. Unter dem Haus verläuft ein Bach.
Skólavegur 49 • Tel. 4 75 14 66 • www.hotelbjarg.com • 8 Zimmer • €€

Reydarfjörður ▸ S. 149, F 8

1100 Einwohner

Am größten Ostfjord stand während des Zweiten Weltkriegs eine wichtige Militärbasis der Alliierten, das Museum Stríðsárasafnið (E-Mail: museum@tjardabygdd.is, Eintritt

500 ISK, Kinder frei) zeugt davon. Heute sorgt ein großes Aluminiumwerk für Arbeitsplätze. Auch die umliegende Natur lockt, etwa zu Wanderungen am Búdara-Fluss.

Eskifjörður ▸ S. 149, F 8

970 Einwohner

Hier wurde jahrhundertelang Feldspat abgebaut, ein Mineral, dessen Lichtbrechung ab dem 17. Jh. Mikroskope weltweit verbesserte. Die Mine Helgustaðanáma ist auf eigene Gefahr zu besichtigen. Rentiere beherbergt die angrenzende Halbinsel Hólmanes, mit bestem Blick über Fjorde und Meer. Im Winter ist an den Nordhängen bei Oddsskarð ein Skilift in Betrieb.

Neskaupstaður ▸ S. 149, F 8

1400 Einwohner

In diesen großen Ort geht es nur über den mit 632 m höchsten Straßenpass Islands, gefolgt von einem langen einspurigen Tunnel. Hier waren zur Heringszeit vor allem Norweger aktiv, heute steht hier die größte Fischgefrieranlage des Landes. Wandern, Paddeln und Reiten ist beliebt, im nahen Naturschutzgebiet liegt die Höhle **Páskahellir**, wo laut Legende die Seehunde immer zu Ostern ihre Häute ablegen und in Menschengestalt feiern gehen. Jedes zweite Juliwochenende ver-

WUSSTEN SIE, DASS …

… Islands Telefonbuch nach Vornamen geordnet ist? Jón und Anna sind am häufigsten vertreten. Unter den Berufsangaben finden sich Cowboys und Prinzessinnen, Zauberer, Jedi Master und Hühnerflüsterer.

Berge und Meer: Typisch für die Ostfjorde sind der große Reydarfjörður (▸ S. 74) (im Hintergrund) und der Eskifjörður (▸ S. 74).

ändert das Metal & Punk-Festival »Eistnaflug« (www.eistnaflug.is) den örtlichen Rhythmus.

MUSEEN

Museumshaus

Drei unter einem Dach: Ostislands Naturkundemuseum Nattúrugripasafnið, das Jósafat Hinrikkson Maritime Museum mit den Schätzen eines Sammlers rund ums Meer sowie die Sammlung Tryggvasafn über den hier geborenen modernen Maler Tryggvi Olafsson.
Egilsbraut 2 • Juni–Aug. tgl. 13–17 Uhr • Eintritt 500 ISK, Kinder frei

ÜBERNACHTEN

Hótel Capitano

Günstig mit Charme • Ein Bootskapitän führt das hübsche blaue Drei-Sterne-Haus. Dekoriert ist es mit modernen Kunstwerken des Malers Tryggvi Ólafsson.

Hafnarbraut 50 • Tel. 4 77 18 00 • www.hotelcapitano.is • ♿ • 9 Zimmer • €€

ESSEN UND TRINKEN

Kaffi Frú Lú Lú

Lecker und humorvoll • Das mit alten Sammlerstücken geschmückte Kaffeehaus serviert auch delikate Suppen und leckere Tapas. Abends verwandelt es sich in eine viel besuchte Bar.
Egilsbraut 19 • Tel. 8 65 58 68 • Fr, Sa 11–1, So–Do 11–22 Uhr

Seydisfjörður ▸ S. 149, F 7
700 Einwohner

Im langen, steilen Fjord läuft wöchentlich die Europafähre »Norröna« ein und aus. Der malerische, jahrhundertealte Handelsort blühte in der Heringsära zusätzlich auf. Heute belebt eine breite Künstlerszene Bühnen und Ateliers (www.

skaftfell.is). Von Juni bis August bietet das Kulturfestival »Á Seyði« Ausstellungen und Konzerte.

MUSEEN

Tækniminjasafn Austurlands (Technikmuseum) 👣👣

Ende des vergangenen Jahrhunderts war Seyðisfjörður führend in technischen Errungenschaften, wie das Museum anschaulich zeigt: die erste Untersee-Telefonleitung von 1906, mehrere Werkstätten, Maschinen und Fotos aus dieser Zeit.
Hafnargata 44 • www.tekmus.is • Juni–15. Sept. tgl. 11–17, 16. Sept.– Mai Mo–Fr 13–16 Uhr • Eintritt 500 ISK, Kinder frei

ÜBERNACHTEN

Hótel Aldan & Snæfell

Antik auf hohem Niveau • In zwei historischen Holzhäusern liegen Schwesterherbergen: Das »Aldan« war schon 1898 ein Hotel und kombiniert die damalige Eleganz mit modernem Design auf hohem Niveau – das »Snæfell« liefert Anspruch und Gemütlichkeit eine Kategorie günstiger. Ein Restaurant im »Aldan« komplettiert das Angebot.
Nordurgata 2 • Tel. 4 72 12 77 • www. hotelaldan.com • je 9 Zimmer • €€€, Restaurant €€

ESSEN UND TRINKEN

Kaffi Skaftfell

Genuss mit Kultur • Das Café-Bistro im örtlichen Kunstzentrum serviert gutes Essen und Kaffee und Kuchen, parallel zu Ausstellungen, Schmökern in Kunstbüchern oder Livemusik.
Austurvegur 42 • Tel. 4 72 16 32 • www.skaftfell.is • 15. Sept.–April nur Sa, So geöffnet • €

Kaffi Lára

Mit eigenem Bier • Abends wird das Café zum Pub, wo auch die Einheimischen anzutreffen sind. Der Wirt braut »El Grillo«, die Biermarke ist in ganz Island zu haben.
Nordurgata 3 • Tel. 4 72 17 03

SERVICE
AUSKUNFT
Touristeninformation

Im Fährterminal Ferjuleira 1 • Tel. 4 72 15 51 • www.visitseydisfjordur.com • Juni–Aug. Mo–Fr 9–17, Sept.–Mai Di, Mi 9–17 Uhr

Egilsstaðir ▶ S. 149, E 7

2300 Einwohner

Am Nordufer des Lagarfljót, auch Lögurinn genannt, liegt die zentrale Stadt Ostislands. Sie dient vor allem als Basis für Touren in die Region. Im 30 km langen, schmalen See, Islands drittgrößtem, lebt eine Art »Nessie«: der scheue Lagarfljótsormurinn. Sein Namensvetter, ein Ausflugsboot mit Restaurant, kreuzt im Sommer das Gewässer (www.ormur.is). Anfang November lockt das zehntägige Festival »Dagar Myrkurs« (»Tage der Finsternis«) und feiert den Winter mit Geistergeschichten, Dunkeltänzen und Nachtwanderungen. Im Sommer hingegen bekommt der See-Wurm sein eigenes Kulturfest, das »Ormsteiti« (www.east.is).

MUSEEN

Minjasafn Austurlands (Heimatmuseum Ostisland)

Etwa 13 000 Objekte beherbergt das Museum, angefangen von Grabfunden aus dem 10. Jh. bis hin zu einem originalen Torfdachhaus.
Laufskógar 1 • www.minjasafn.is • Juni–Aug. tgl. 11–17, April, Mai,

Sept. Mo–Fr 11–17, Okt.–März Mo–Fr 13–16 Uhr • Eintritt 1000 ISK, Kinder frei, im Winter Eintritt frei

ÜBERNACHTEN/ESSEN UND TRINKEN
Icelandair Hotel Herad

Auf hohem Niveau • Das Drei-Sterne-Haus wartet mit ansprechend skandinavisch designten Räumen auf. Ein üppiges Frühstücksbuffet im erstklassigen Restaurant ergänzt das Angebot: Am Abend sollten Sie den edlen Rentier-Burger probieren! Miðvangur 5-7 • Tel. 4 71 15 00 • www.icehotels.is • 60 Zimmer • ♿ • €€€

Gistihúsið Egilsstöðum

Historisch mit Klasse • Der Hof Egilsstaðir gab dem Ort den Namen – heute bietet das Landhaus moderne Räume im gediegenen Flair mit Parkettboden und Seeblick. Das exzellente Restaurant Fjóshornið schätzt regionale Biozutaten. Delikat: das Honig-Dill-Lamm und die »Skyr«-Torte.
Ringstraße, gegenüber Ortseingang Egilsstaðir • Tel. 4 71 11 14 • www.egilstadir.com • 18 Zimmer • €€

EINKAUFEN
Hús Handanna

Kunst und Design aus der Region bietet der große Verkaufsraum über der Touristeninformation: von Gemälden und Keramik bis zu Kleidung und Schmuck.
Miðvangur 1–3 • www.hushandanna.is

Móðir Jörð
▶ grüner reisen, S. 20

SERVICE
AUSKUNFT
Touristeninformation Ostisland
Miðvangur 1-3 • Tel. 4 71 23 20 • www.east.is • 15. Mai–15. Sept. Mo–Fr 8.30–18.30, Sa, So 9–17,

Nur zu Fuß ist der »hängende« Wasserfall Hengifoss (▶ S. 79) zu erreichen. Doch der mit 118 m dritthöchste Fall des Landes krönt die einstündige Wanderung.

16. Sept.–14. Mai Mo–Fr 9–17,
Sa 11–15 Uhr

Ziele in der Umgebung
◎ **Borgarfjörður Eystri
(Bakkagerði)** ▸ S. 149, F 7
100 Einwohner

Das nördlichste Dorf der Ostfjorde
liegt wie dahingekuschelt im Tal zwischen den Rhyolithbergen auf der
einen und dem Basaltberg **Dyrfjöll**
auf der anderen Seite. Im zentralen
Basalthügel **Alfaborg** soll der Legende nach die Elfenkönigin leben.
In der Holzkirche daneben hängt ein
Jesusbild mit der Fjordlandschaft
als Hintergrund – ein Werk des
hier geborenen Jóhannes Sveinsson Kjarval, Islands bekanntestem
Maler. Das skurrile Haus **Lindarbakki** mit rotweißen Giebeln und
dichtem Grasdach wirkt wie ein
Elfenheim, ist aber nur ein privates
Sommerhaus. Liebevoll eingerichtet

mit Kunsthöhle und Kostümen ist
das kleine **Æventýraland**, in dem
Kinder im Sommer die Elfenge-
schichten nachspielen können. Am
Fjordrand beherbergt die Insel
Hafnarhólmi eine riesige Papageitaucherkolonie. Jedes dritte Juli-
Wochenende findet das zunehmend
beliebte Konzertfestival **Bræðislan**
statt.
www.borgarfjordureystri.is
72 km nordöstl. von Egilsstaðir

ÜBERNACHTEN
Gistihúsið Álfheimar 👭

Großzügig und freundlich • Große
Zimmer und Terrassen mit Fjordblick bietet der motelähnliche
Gästeblock am Ortseingang, ergänzt
durch ein Restaurant mit regionalen
Speisen.
Merkisvegur • Tel. 8 61 36 77 • http://
elftours.is/accommodation/ • 18 Zimmer • €€

Wie eine Elfenwohnung wirkt das hübsche Häuschen Lindarbakki im Ort Bakkagerði
(▸ S. 78), dabei ist es ein privates Sommerhaus mit typischem Grasdach.

◎ Hallormsstaðaskógur
▶ S. 149, E 7/8

Islands größter Wald erstreckt sich am Ostufer des Sees: ein Baumparadies in einem lange abgeholzten Land, dessen Klima raschen Wuchs verhindert. Rund 50 Arten wachsen hier, die ältesten Exemplare schon seit 100 Jahren – ein Lehrpfad erklärt die Hintergründe.

24 km südwestl. von Egilsstaðir

ÜBERNACHTEN

Hotel Hallormsstaður

Waldidylle • Umgeben von Bäumen liegt das Haupthotel mit seinen hellen, modernen Räumen und einem Wellness-Zentrum. Im Sommer sind zwei weitere einfachere Häuser in Betrieb, mehr Privatsphäre bieten gemütliche Holzhütten im Wald. Das ausgezeichnete Restaurant verfügt über eine große Terrasse mit Seeblick.

Hallormsstaður • Tel. 4 71 24 00 • www.hotel701.is • 35 Zimmer, 15 Sommerzimmer, 4 Hütten • ♿ • €€

◎ Hengifoss & Lítlanesfoss
▶ S. 149, E 8

Islands dritthöchster Wasserfall stürzt aus 118 m in eine rotbraune Lavaschlucht. Rund 1 Std. dauert der Weg dorthin, der Startpunkt liegt an einem Parkplatz nahe dem Skriðurklaustur. Auf halber Strecke lohnt der kleinere Wasserfall Lítlanesfoss, der über eine steile Kante aus schwarzen Basaltsäulen rauscht, einen Abstecher.

Ca. 30 km südwestl. von Egilsstaðir

◎ Húsey
▶ S. 149, E 7

Nördlich von Egilsstaðir erstreckt sich das breite, fruchtbare Tal **Fljóts-dalshérað** (www.fljotsdalsherad.is) – ein Vogelparadies mit Islands größter Seehundpopulation an der Flussmündung.

53 km nordöstl. von Egilsstaðir

◎ Möðrudalur
▶ S. 149, D 7

Auf dem Weg nach Mývatn schlägt die Ringstraße nach rund 50 km einen Bogen nach Norden, wo sie früher nach Süden bog. Der alte Verlauf (Straße 901) macht die Schönheit des Hochlandes auf befestigtem Weg erlebbar. Auf halber Strecke liegt linker Hand der »Riesengarten« **Skessugarður** – eine Felsbrockenmauer, wie von Giganten zusammengeschoben. Kurz vor der Ringstraße trifft der Weg auf Möðrudalur, Islands höchstgelegene Farm. Im windigen Nichts stehen auf 469 m Höhe auch eine schmucke Kirche, eine Tankstelle und das Restaurant Fjallakaffi, in dem man leckeres Lamm und Gebäck zu sich nehmen kann. Die Betreiberfamilie vermietet auch einfache Unterkünfte und Hütten (www.fjalladyrd.is) und organisiert Hochlandtouren.

95 km westl. von Egilsstaðir

◎ Skriðuklaustur Kulturzentrum
▶ S. 149, E 8

An der Südwestecke des Sees steht eine schräge Mischung aus Burg und Kloster, ein Wohnsitz des Vorkriegsdichters Gunnar Gunnarsson. Auch regionale Künstler sowie Fundstücke der Ausgrabungsstätte hinterm Haus werden präsentiert: Im Untergeschoss bietet das »Klausturkaffi« opulente Mittags- und Kaffeebuffets. www.skriduklaustur.is • Juni–Aug. tgl. 10–18, Mai, Sept. tgl. 12–17 Uhr • Eintritt 700 ISK, Kinder frei

40 km südwestl. von Egilsstaðir

◎ Snæfell & Káhranjúkar

▸ S. 149, D 8

Der 1833 m hohe Schneeberg im östlichen Hochland ist von Egilsstaðir aus ein beliebtes Wander- und Kletterziel, denn er liegt deutlich näher an der Ringstraße als alle anderen Hochlandgipfel. Seit in der Nähe das Kraftwerk Kárahnjúkar gebaut wurde, ist die steile Straße 910 auch ohne Vierradantrieb befahrbar. Der Staudamm des Kraftwerks ist mit 750 m Länge und bis 193 m Höhe Islands größtes Bauwerk.

Ca. 85–100 km südwestl. von Egilsstaðir

Nordostküste

▸ S. 148, C 5–S. 149, E 6

Die Route entlang der Nordostküste Islands führt durch dünn besiedelte Landschaft von rauer Schönheit. Wer einige Tage Zeit hat, genießt die Einsamkeit auf der Küstenstraße 85 zwischen Égilsstaðir und Mývatn. Der Weg ab Egilsstaðir führt zunächst an die Küste bei **Vopnafjörður**. Im Fjord lebte einst ein Drache, heute ziert er das Logo des Ortes (www. vopnafjordur.com). Die Region hat zwei der besten Lachsflüsse Islands zu bieten. Der Dichter Gunnar Gunnarsson ist ein Sohn der Stadt, und Nobelpreisträger Halldór Laxness verewigte das hiesige karge Leben im Roman »Unabhängige Menschen«. Rund 30 km weiter nördlich liegt **Þórshöfn** am Anfang der Halbinsel **Langanes**. Der Ort ist seit der Saga bekannt und seit 500 Jahren Handelsplatz, doch sein heute ältestes Haus steht erst seit 1902. Langanes ragt weit ins Meer hinaus, bedeckt von Moosen und Heidekraut. Wanderungen bis zur Spitze belohnen mit Vogelklippen, Seehundskoloni-en und einem Leuchtturm. Weitere 30 km geht die Fahrt nach **Raufarhöfn**, Islands nördlichstem Ort mit immerhin 230 Einwohnern. Auch er war einst geschäftiger Heringshafen, die Nummer zwei nach Siglufjörður. Manche Treibholz- und Walknochenfunde sind hier künstlerisch arrangiert. Auf einem nahen Hügel entsteht seit Jahren eine Art Stonehenge, das »Arctic Henge« (www. artichenge.is). Ein riesiger Felskreis soll mit korrekt ausgerichteter Sonnenuhr die Himmelsphänomene im Jahreskreis markieren. Hinter Raufarhöfn umrundet die Straße die flache Halbinsel **Melrakkaslétta**, mit ihren Mooren und felsigen Stränden ein Paradies für Vögel, von Eiderenten bis zu Strandläufern. Im Nordosten ragt die Spitze **Hraunhafnartangi** weit ins Nordmeer hinaus und kommt bis auf wenige Kilometer an den Polarkreis heran. Bekannt ist sie nur für ihren Leuchtturm und das Grab des hier gefallenen Saga-Helden Þorgir Hávarsson. Im Nordwesten der Halbinsel steht der Leuchtturm **Sölvanöf**, nahe dem erkalteten Krater Raðinúpur. Im heftigen Wind zwischen kargem Land und wilder See bekommt man hier eine Ahnung vom »Wikinger-Herzen« der Isländer. Letzte Station vor dem Nationalpark Jökulsárgljúfur ist der Ort **Kópasker**, der 1976 von einem schweren Erdbeben teilweise vernichtet wurde. Ein Museum (www.kopasker.is) informiert im Sommer über die Katastrophe.

ÜBERNACHTEN/ESSEN UND TRINKEN

Hótel Norðurljós

Gemütliches Innenleben • Von außen wirkt das »Hotel Nordlicht« am Hafen wie die heruntergekom-

Klares Wasser und skurrile Lavaformationen am Ufer zeichnen den viertgrößten See Islands, den Mývatn (▸ S. 122), aus. Ein Paradies für Fische, Vögel und Besucher.

mene Arbeiterbehausung, die es einmal war, innen entpuppt es sich jedoch als liebevoll eingerichtete Unterkunft mit gutem Standard und Frühstücksbuffet.
Raufarhöfen, Aðalbraut 2 • Tel. 4 65 12 33 • E-Mail: ebt@vortex.is • Mitte Dez.–Mitte Jan. geschl. • €€

Ytra-Áland

Mit Rundumblick • Dank eines neuen Anbaus bietet der Familienhof auch einige großzügige, angenehm eingerichtete Zimmer mit Bad.
Tel. 4 68 12 90 • www.ytra-aland.is • 15 Zimmer • €€
18 km westl. von Þórshöfn

Mývatn 🔟   ▸ S. 148, B 7

▸ Touren und Ausflüge, S. 122

Der Osten Islands berührt zur Landesmitte hin wieder den vulkanisch aktiven mittelatlantischen Rücken. Besonders faszinierende Phänomene zeigen sich rund um Islands viertgrößten See. Die Ringstraße führt um eine Seite des Mývatn, zentraler Ort ist Reykjalíð.

Reykjahlíð   ▸ S. 148, C 7

200 Einwohner

Die Höfe des Ortes wurden 1729 durch die Lavamassen des nahen **Leirhnjúkur** vernichtet, doch die Kirche wurde von dem glühenden

Gestein auf wundersame Weise umflossen. Sie stand auf einem Hügel wie ihre Nachfolgerin von 1962. Der Ort ist ein Versorgungszentrum für den Tourismus. Ende Mai führt der »Mývatn Marathon« um den See herum, Ende März eilen Skilangläufer beim »Orkugangan«-Rennen von **Krafla** bis nach Húsavík. Im Juli findet das Rockfestival »Úrvadí Ur Mýflugur« statt.

ÜBERNACHTEN

Hótel Reykjahlíð

Fantastisch freundlich • Das hochklassige weiß-rote Haus am Nordufer war 1947 das erste Hotel der Region. Neun bestens eingerichtete Räume bietet der Familienbetrieb. Das Frühstück entspricht dem hervorragenden Restaurant im Haus.
Mývatnsvegur (Rte. 848) • Tel. 4 64 41 42 • www.reykjahlid.is • 9 Zimmer • €€€

Hótel Reynihlíð

Zentrale Lage • Mývatns einziges Vier-Sterne-Haus liegt am Nordostufer und bietet hohen Standard und Servicequalität. Die besten Räume haben Seeblick.
Straße 87 • Tel. 4 64 41 70 • www.reynihlid.is • 41 Zimmer • ♿ • €€€

ESSEN UND TRINKEN

Myllan & Gamli Bærinn

Edel und schmackhaft • Das erstklassige Restaurant »Mühle« liegt im Hótel Reynihlíð und glänzt im edlen Ambiente mit Gerichten wie Räuchersaibling-Tartar und Ente an Käse und Blaubeeren. Rustikaler, aber ebenfalls lecker geht es im »Alten Hof« nebenan zu: Die Café-Bar ist für ihre köstlichen Kuchen und ihre herzhafte Lammfleischsuppe berühmt.
Rte. 87 • Tel. 4 64 41 70 • www.reynihlid.is • Myllan tgl. 18.30–21,

Steile Klippen bieten vielen Seevögeln an Islands Küsten beste Brutbedingungen und den Menschen spannende Ausblicke, wie hier auf der Halbinsel Langanes (▸ S. 80).

Gamli Bærinn Mai–Sept. tgl. 10–23 Uhr • €€€ und €€

Vogafjós Cowshed Café 👥

Schräge Ausblicke • Das große Kuh-Schild auf dem Dach ist Programm: Vor den großen Fenstern des Restaurants tummelt sich das Milchvieh des Hofs – morgens und abends pünktlich zum Melken, während die Gäste schmausen. Frische Milch gibt es gleich zum Probieren. Auch schmackhaft sind Eiscreme und Räucherlamm. Ringstraße, östl. Ufer • Tel. 4 64 43 03 • 15. Mai–15. Sept. tgl. 7.30–23.30 Uhr, abends reservieren • €€

Kaffi Borgir

Lecker bei den Trollen • Das Café-Restaurant serviert Regionales mit frischen Zutaten, etwa Forelle oder das »Hverabrauð«, Roggenbrot, dem man beim Backen im heißen Boden zusehen darf. Am Informationszentrum Dimmuborgir • Tel. 4 64 11 44 • www.kaffiborgir.is • Mai–Sept. tgl. 10–17, Okt.–April Mo–Do 11–14, Fr–So 11–16 Uhr • €

SERVICE

AUSKUNFT

Touristeninformation
Hraunvegur 8 • Tel. 4 64 43 90 • www.visitmyvatn.is • Juni–Sept. 8–18, Mai und Okt.–Dez. 10–17 Uhr

TOUREN

Rundflüge mit Mýflug Air
Flughafen Reykjahlíð • Tel. 4 64 44 00 • www.myflug.is • ab 65 € für 20 Min.

Fuglasafn Sigurgeirs (Vogelmuseum)   ▶ S. 148, C 7

Die Halbinsel Ytri-Neslönd am sumpfigen Nordwestufer des Mývatn beherbergt im hellen Holz-Glas-Konstrukt eine ausgezeichnete Schau ausgestopfter Vögel – angeblich jede in Island lebende Art. Lebendig sind sie von Café und Seeterrasse aus zu beobachten. Im Aquarium schweben die seltenen und bizarren Marimo-Bälle aus Grünalgen. www.fuglasafn.is • 11. Juni–10. Aug. tgl. 10–19, 15. Mai–10. Juni und Ende Aug. tgl. 11–19, Sept. tgl. 12–17, Okt. tgl. 13–17, Nov.–14. Mai tgl. 14–16 Uhr • Eintritt 800 ISK, Kinder 400 ISK

Skútustaðir   ▶ S. 148, B 7

Pseudokrater sind kleine bis riesige Schlackenformationen, die durch Blasenbildung dünnflüssiger Lava über feuchtem Boden entstehen. Heute sind die kalten Rundlinge überwachsen und wirken wie eine grüne Mondlandschaft. Wege führen durchs moorige Gelände.

Dimmuborgir   ▶ S. 148, C 7

Am Ostufer liegen die »Dunklen Burgen«, ein skurriles Lavafeld und Heimat von Trollen, vor allem der 13 Weihnachtswichtel. Das Informationszentrum (www.visitdimmuborgir.is) bietet einen schönen Blick auf die verwitterten Lavatürme. Zwischen ihnen wächst ein verwunschener Birkenwald, der zu verschiedenen Spazierwegen einlädt.

Jarðböðin/Mývatn Nature Bath 🔺   ▶ S. 148, C 7

Der Spitzname »Blaue Lagune des Nordens« ist fast zutreffend: Das Wasser ist genauso weißblau, mineralienreich und entspannend, der Blick auf die Landschaft phänomenal. Allerdings ist hier alles etwas kleiner, dafür ist reines Süßwasser in den Becken. Dampfbäder und ein Restaurant ergänzen das Angebot. An Ringstraße Richtung Osten, Jarðbaðshólar • www.jardbodin.is • Juni–Aug. 9–23, Sept.–Mai 12–21.30 Uhr • Eintritt 2500 ISK, Kinder frei

Námaskarð/Hverir ▸ S. 148, B 7

Östlich der Lagune öffnet sich hinter einer steilen Kurve ein dampfendes, pfeifendes Solfatarenfeld in prächtigen Farben von Weiß bis Schwefelgelb und Grau. Hinter den abgesperrten Wegen lauern brodelnde Schlammtöpfe oder brüchiger Boden. Vom Hügel Námafjall lässt sich auch der **Mývatn** 10 überblicken.

Krafla und Leirhnjúkur
▸ S. 148, C 7

Eine der weltweit aktivsten Vulkanregionen umgibt den Bergrücken Krafla und beginnt nordöstlich des Mývatn. Seit 1977 zapft ein Geothermal-Kraftwerk die Wärmeenergie ab. Von seinem Parkplatz aus führen Wanderwege in die Berge. Spektakulär ist das türkisblaue Maar im Víti-Krater und die Schwefelfelder rund um den Vulkan Leirhnjúkur. Vorsicht vor heißem und unsicherem Boden! Im Sommer fährt ein Hochlandbus zweimal täglich ab Reykjahlið hierher.

Jökulsárgljúfur Nationalpark
▸ S. 149, C 6

Der Park zieht sich entlang dem Gletscherfluss Jökulsá á Fjöllum, der am Nordrand des Vatnajökull entspringt. Deshalb ist dieses ferne Gebiet auch Teil des großen Nationalparks. Feuer und Eis haben hier einen bis 120 m tiefen und 500 m weiten Canyon entstehen lassen. Faszinierend ist die zweitägige Wanderung zwischen Wasserfällen im Süden und der Ásbyrgi-Schlucht im Norden. Die meisten Etappen sind auch per Auto zu erreichen. Das Besucherzentrum Gljúfrastofa-Ásbyrgi liegt im Norden des Parks. www.vatnajokulsthjodgardur.is • Park ganzjährig zugänglich, Besucherzentrum Mai, Sept. tgl. 10–16, Anfang Juni, Ende Aug. tgl. 9–19, 20. Juni–14. Aug. tgl. 9–21 Uhr

Dettifoss und seine Brüder
▸ S. 148, C 6

Der mächtige Wasserfall lässt sich von zwei Seiten ansteuern: im Westen auf geteerter Straße, im Osten über Schotter. Am Dettifoss stürzen extreme Wassermassen in die Tiefe, nur 44 m, doch mit Europas größtem Volumen. Ein Pfad am Ostrand des Jökulsárglúfur-Canyon erreicht im Norden nach 5 Min. den nächsten großen Wasserfall, den niedrigen, aber umso breiteren Selfoss. Nach Süden führt der Weg vom Dettifoss aus nach 2 km zum **Hafragilsfoss**. Der ist vom Westufer aus kaum zu sehen, der Canyon dafür umso besser.

Vesturdalur ▸ S. 148, C 5

Im bewaldeten Talzentrum stehen westlich des Flusses **Karl og Kerling** – »Alter Mann und alte Frau«: Die Felspfeiler sind angeblich versteinerte Trolle, ihre Höhle Tröllahellir liegt am anderen Ufer. Ein Pfad nach Norden führt zu den Echofelsen Hlóðaklettar, einen riesigen Skulpturenwald mit Rundweg und Akustikeffekt.

Ásbyrgi ▸ S. 148, C 6

Per Hufabdruck hat sich Óðins Pferd im Norden verewigt, im halbrunden,

Alle Knochen in Húsavíks Walmuseum (▶ S. 31) stammen von gestrandeten Tieren. Die spannende Ausstellung geht auch auf die Walfanggeschichte ein.

fast 1 km breiten Canyon. 100 m gehen die Felswände steil in die Tiefe. Vor Jahrtausenden soll hier auch der Gletscherfluss über die Kante gestürzt sein, bevor er umschwenkte.

Húsavík   ▶ S. 148, B 6

2300 Einwohner

Den ersten Hof in der »Haus-Bucht« baute 870 ein schwedischer Siedler, Garðar Svavarsson – an der Schule steht sein Denkmal. Die schmucke Hafenstadt überblickt die große Skjálfandi-Bucht, einer der besten Orte für Walsafaris. Wenn auch das skurrile Phallus-Museum (▶ S. 38) 2011 nach Reykjavík zog, das grandiose Walmuseum und viele andere Optionen in der umgebenden Natur sind geblieben. Mitte Juli stellt das Festival »Sail Húsavík« (www.sail husavik.is) den Ort auf den Kopf.

SEHENSWERTES

Walsafari 🟠

Erst 1995 entdeckte Island die Walsafari, dank einer Húsavíker Familie: Norður Sigling verankerte den Ort somit im Tourismus. Im Sommer sind Walsichtungen so gut wie garantiert, bis zu achtmal täglich starten die Boote. Interessant sind auch Touren mit Zweimastseglern zur Papageitaucher-Insel Lundey oder nach Grímsey. Vergleichbar ist das Angebot des örtlichen Konkurrenten Gentle Giants.

Touren April–Okt., Tickets ab 8900 ISK, Kinder 3600 ISK – North Sailing: Hafnarstétt 9 • Tel. 4 64 72 72 • www.northsailing.is – Gentle Giants: Garðarsbraut 6 • Tel. 4 64 15 00 • www.gentlegiants.is

MUSEEN

Hvalasafnið (Walmuseum)

▶ Familientipps, S. 31

Safnahúsið á Húsavík

Eines der besten Heimatmuseen des Landes kombiniert Ortsgeschichte mit Natur- und Seefahrtshistorie. Sehenswert sind der ausgestopfte Eisbär, die Menschenhaarketten und die mehr als 100 000 Bieretiketten. Stórigarður 17 • www.husmus.is • Juni–Aug. 10–18, Sept.–Mai Mo–Fr 10–16 Uhr

ÜBERNACHTEN

Fosshótel Hsavík

Durchwachsen gut • Das Drei-Sterne-Haus liegt zentral im Ort und setzt im Dekor ganz auf Wale. Zu empfehlen sind die 26 geräumigen Zimmer im neuen Teil des Hotels. Freundlicher Service.

Ketilsbraut 22 • Tel. 4 64 12 20 • www.fosshotel.is • 70 Zimmer • €€€

Kaldbak-Kot Cottages

Mit grandioser Sicht • Komfortabel ausgestattet und mit bestem Fjordblick von den Terrassen liegen

Jarðböðin (▶ S. 83)– »Erdbad« – heißt das Thermalbecken am Mývatn, dessen heißes Grundwasser wie die Blaue Lagune heilende Mineralien und Mikroalgen enthält.

hier 18 moderne Holzhütten, einige haben den Schlafraum direkt unterm Dach. Mit Hot Tubs, rund 1 km vom Ort entfernt, mitten in der freien Natur.
Kaldbakur • Tel. 4 64 15 04 • www.husavikcottages.com • 18 Hütten • €€€

ESSEN UND TRINKEN
Gamli Baukur

Urig guter Fisch • Direkt am Hafen mit großer Terrasse liegt die für ihre Fischgerichte bekannte »Alte Dose«. Abends wird sie zum Pub, mit Livemusik an den Wochenenden.
Hafnarstétt • Tel. 4 64 24 42 • www.gamlibaukur.is • Mai–Sept. tgl. 20–1, Okt.–April Do 20–1, Fr, Sa 20–3 Uhr • €€

Restaurant Salka

Gemütlich und lecker • Gutes Essen in guter Atmosphäre, hier probiert man Papageitaucher mit Apfelpüree oder das gegrillte Lamm.
Garðarsbraut • Tel. 4 64 25 51 • www.salkarestaurant.is • Mo–Fr 11.30–14 und 18–21, Sa, So 18–21 Uhr • €€

EINKAUFEN
Gallerí Ískelda
▶ grüner reisen, S. 20

SERVICE
AUSKUNFT
Touristeninformation
Garðarsbraut 5 • Tel. 4 64 43 00 • www.husavik.is • Juni–Aug. 8.30–19 Uhr

Ziele in der Umgebung
◎ Aldeyjarfoss   ▶ S. 148, B 7
Der zweite große Wasserfall zwischen Akureyri und Mývatn liegt weitere 40 km südlich der Ringstra-

ße. Der Abstecher auf der Straße 842 – die »Sprengisanður-Route«, die durch das Hochland bis nach Landmannalaugar führt – ist auch für Nicht-Allradautos möglich und lohnt unbedingt: Die Wassermassen über einer enormen Basaltsäulenwand lassen den Svartifoss am Skáftafell klein aussehen. Hier stürzt der Flüss Skjálfandafljot 20 m in die Tiefe.
90 km südl. von Húsavík

◎ Goðafoss   ▶ S. 148, B 7
Kurz hinter der Kreuzung vom Husavík-Rückweg 85 und Ringstraße liegt der »Wasserfall der Götter«. Kurze Wege führen auf beiden Seiten ans Wasser – hier warf im Jahr 1000 der Gode Þorgeir Ljósvetningagoði, der Gerichtssprecher des Alþingi, nach der Entscheidung für das Christentum seine heidnischen Statuen ins Wasser (ein Kirchenfenster in der Domkirche von Akureyri zeigt dieses Geschehen). Das einsame gelbe Holzhaus ist ein empfehlenswertes Sommerrestaurant, das auch einige Hotelzimmer anbietet (www.fosholl.is).
50 km südl. von Húsavík

◎ Samgönguminjasafnið Ystafelli (Transportmuseum)
▶ S. 148, B 6
Ein Paradies für Oldtimerfans: Hier ist alles versammelt, was Islands Straßen befuhr, von Geländeraupen bis zu samtgepolsterten US-Karossen und Dänemarks Elektroauto von 1991.
Þingeyjarsveit, Ystafell an der Straße 85 • Tel. 4 64 31 33 • Mai–Sept. tgl. 10–20 Uhr, im Winter variabel • Eintritt 500 ISK, Kinder frei
35 km südwestl. von Húsavík

Der Norden
Wo die Westfjorde enden, zieht sich die Nordküste über mehrere breite »Landnasen« bis nach Akureyri. Eine Region voller Torfdachhäuser und Kirchen, Literaten und Schachspieler.

◄ Im Frühling blüht, im Herbst leuchtet die Moorlandschaft der Insel Hrísey (▸ S. 96).

Der Westen   Der Norden   Der Osten
Reykjavík und Umgebung   Der Süden

Mitten auf dem Polarkreis liegt Islands nördlichster Wohnort: die Insel **Grímsey**. 40 km vor einer rauen Küste, die weiter im Inland auch mit fruchtbaren Tälern und Ebenen aufwartet. Wo noch zu Großmutters Zeiten riesige Heringsschwärme für Reichtum sorgten, etwa in **Siglufjörður**, bestimmen heute einzelne Fischkutter das Bild. Landwirtschaft blüht auf weiten Flächen zwischen Schneegipfeln und Küste, und die Region ist berühmt für ihre Pferdehöfe und -zucht. Jahrhundertelang war der kleine Ort **Hólar** Bischofssitz und damit religiöses und kulturelles Zentrum im Norden. Heute steht **Akureyri** im Mittelpunkt: Malerisch am Fjord gelegen, gilt die Stadt manchem als die schönste Islands, als »Perle des Nordens«.

Akureyri   ▸ S. 148, A 7

17 800 Einwohner
Stadtplan ▸ S. 91

Wer sich von Osten nähert, folgt der Straße um einen Bergkamm herum. Plötzlich liegt weit unten der Eyjarfjörður, Islands längster Fjord, gesäumt von scheinbaren Spielzeughäuschen, Schiffchen vor Anker und Autos wie Ameisen: Akureyri. Auf den zweiten Blick zieht sich der Ort weit in die grünen Berghänge hinein, schließlich ist er die Metropole des Nordens, ein Wirtschafts- und Kulturzentrum mit Universität und Islands größte Stadt außerhalb der Region Reykjavík. So haben auch hier Läden und Restaurants länger geöffnet als sonst jenseits der Hauptstadt, der Eintritt in die Museen ist an mindestens einem Tag frei, und es gibt ein nennenswertes Nachtleben. Das Wetter erreicht im Sommer häufig 20 °C, der Himmel ist auch im Winter oft blau. Das lockt vor allem am Wochenende Kurzreisende aus dem Süden und Besucher aus der ganzen Region in die Stadt. Und im Winter ist sie, dank gleichmäßiger Schneedecke auf den umliegenden Hängen, das landesweit beliebteste Ziel für Skiurlauber.

SEHENSWERTES
Akureyrarkirkja   ▸ S. 91, b/c 2

Die strengen Linien der enormen Basaltkirche streben seit 1940 aus der Stadtmitte in den Himmel, entworfen vom Architekten der Hallgrímskirkja in Reykjavík. Eine lange Treppe führt hinauf, innen leuchten beinah karikaturartige bunte Glasfenster. Das zentrale Fenster im Altarraum ist allerdings das Geschenk einer britischen Kathedrale. Von der Decke hängt ein Schiffsmodell, das die Fischer beschützen soll.
Eyrarlandsvegur • www.akirkja.is

Hafnarstræti   ▸ S. 91, b 1–c 3

Heute liegt die »Hafenstraße« nicht mehr direkt am Wasser – Folge eines Aufschüttens –, sondern führt parallel dazu als Fußgängerzone durch die Altstadt. Hier stehen die meisten historischen Häuser mit Flair, hier kann man in Cafés die Seele bau-

MERIAN-Tipp 9

LYSTIGARÐURINN (BOTANI-SCHER GARTEN) ▶ S. 91, b 3

In Islands schönstem Park und weltweit wohl nördlichstem botanischen Garten wächst die gesamte Flora des Landes plus 7000 ausländische Arten (Liste im Internet). Die Pflanzen sind nach Regionen angeordnet, so lässt sich hier mal eben vom kargen Hochland ins blühende Birkenwäldchen spazieren. Das tun die Akureyrer gerne, der Park ist ein beliebter Picknick- und Veranstaltungsort mit Blick auf den Fjord. Ab Sommer 2012 gibt es auch ein Café. Margrethe Schiöth würde es freuen, sie gründete den Garten 1912 nach dänischer Tradition, ein Denkmal ehrt sie.
Akureyri Eyrarlandsvegur • www.lystigardur.akureyri.is • Juni–Sept. Mo–Fr 8–22, Sa, So 9–22 Uhr • Eintritt frei

meln lassen. Die Straße beginnt am Rathaus, führt entlang zahlreicher bunter Holzhäuser, dem Tulius-Haus, dem alten Gymnasium und dem imposanten Theaterbau, der von einer Anhöhe aufs Meer blickt.

Helgi der Magere ▶ S. 91, nördl. b 1

Akureyris erster Siedler steht mit seiner Frau Þórunn als Statue auf einem Felsen zwischen Glerargata und Þórunnarstræti. Der als Kind unterernährte Norweger warf nach Ankunft in Küstennähe wichtige Balken seines Schiffs ins Meer und siedelte dort, wo Gott Thor sie an Land trieb: 7 km südlich von Akureyri gründet er seinen Hof »Kristnes«, um auch den christlichen Gott nicht zu verärgern.

MUSEEN

Flugsafn Íslands (Flugzeugmuseum) ▶ S. 91, südl. c 3

Rund 30 historische »Metallvögel« sind zu sehen, einige werden gerade restauriert. Dazu gibt es Geschichten zu Islands Flugpionieren.
Am Flughafen • www.flugsafn.is • Juni–Aug. tgl. 11–17 Uhr • Eintritt 500 ISK

Iðnaðarsafn (Industriemuseum) ▶ S. 91, südl. c 3

100 Jahre Industrie in der Region feiert das Museum und zeigt Maschinen und historische Fotos von 40 Firmen vor Ort. Seit 2011 ist hier auch das Motorradmuseum Islands (www.motorhjolasafn.is) beheimatet.
Krókeyri • www.idnadarsafnid.is • Juni–15. Sept. tgl. 10–17 • 16. Sept.–Mai Sa 14–16 Uhr • Eintritt 600 ISK, Kinder frei

Listasafnið á Akureyrari (Kunstmuseum) ▶ S. 91, b 2

In einer alten Molkerei im hiesigen Bauhausstil zeigt das Museum vor allem moderne Kunst, in wechselnden Ausstellungen. Die Kuratoren veranstalten auch das jährliche Sommerfestival der Kunst »Listasumar«, das von Mitte Juni bis Ende August rund um das Museum stattfindet.
Kaupvangsstræti 12 • www.listasafn.akureyri.is • Di–So 12–17 Uhr • Eintritt frei

Minjasafn (Heimatmuseum) ▶ S. 91, südl. c 3

Beeindruckende Fotos aus dem 19. Jh. machen das Geschehen in dieser Region lebendig, kombiniert mit Alltagsgegenständen von Milchkartons bis Holzwerkzeug. Dazu kommen Funde aus der Ausgrabungsstätte Gásir und eine kleine Kirche. Aðalstræti 58 • www.akmus.is • Juni–15. Sept. tgl 10–17, 16. Sept.–Mai Sa 14–16 Uhr • Eintritt 600 ISK, Kinder frei, Kombikarte mit Nonnahús 850 ISK

Nonnahús ▸ S. 91, südl. c 3

»Nonni« war der Spitzname des großen Kinderbuchautors Jón Sveinsson – und die Hauptfigur seiner auch auf Deutsch veröffentlichten erfolgreichen Abenteuerserie über

eine Kindheit in Island. In diesem typischen alten Wohnhaus dänischen Stils verbrachte er einige Jahre, bevor es ihn mit zwölf Jahren in die Welt zog. Außerdem stehen in Akureyri Museumshäuser für die Schriftsteller Matthías Jochumsson, Dichter der Nationalhymne, und Davíð Stefánsson.

Aðalstræti 54 • Juni–Aug. tgl 10–17 Uhr • Eintritt 700 ISK, Kinder frei, Kombikarte mit Minjasafn 850 ISK

Safnasafnið (Volks- und Außenseiter-Museum) ▸ S. 91, südl. c 3

Einen exzellenten Ruf hat das etwas schräge Museum, das sich nicht

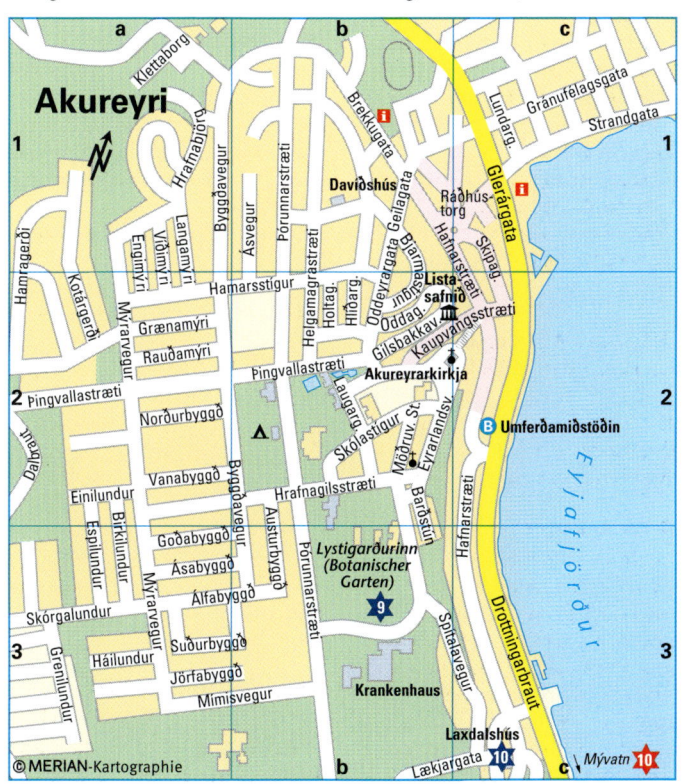

scheut, Volkskunst mit Modern Art zu kombinieren. Zudem präsentiert es in Sonderausstellungen Exponate anderer Museen unter neuem Blickpunkt. Genießer können sich im Apartment des Museums einmieten. Svalbarðsströnd • www.safnasafnid.is

ÜBERNACHTEN

Hotel Kea
▶ S. 91, b 1

Altehrwürdig in bester Lage • Akureyris Vier-Sterne-Haus hält seit 1944 den Standard hoch, direkt neben Fußgängerzone und Akureyrarkirkja. Dunkles Holz und Edelambiente blieben trotz Modernisierung erhalten, manche Räume und Bäder fallen klein aus. Das Frühstücksbuffet ist üppig, ein kleines Restaurant im Haus serviert mittags und abends Gerichte. Etwas günstiger und heller ist das neuere Schwesterhotel Harpa direkt nebenan.

Hafnarstræti 87-89 • Tel. 4 60 20 00 • www.keahotels.is • 104 Zimmer und Suiten • ♿ • €€€

Icelandair Hotel Akureyri
▶ S. 91, westl. a 2

Modern und komfortabel • Erst 2011 eröffnet, bietet das Hotel zehn Fußminuten vom Zentrum helle geräumige Zimmer und guten Blick über Stadt und Fjord. Morgens wartet ein großes Buffet, abends eine Vinothek und eine gemütliche Bar mit Kaminfeuer.

Þingvallastræti 23 • Tel. 5 18 10 00 • www.icehotels.is • 101 Zimmer • ♿ • €€€

Hótel Íbúðir Apartments
▶ S. 91, b 1

Hell und zentral • Sieben Apartments im gelben Holzhaus, ansprechend eingerichtet, mit Kochecke und Wohnzimmer, liegen zentral

Liebevoll restaurierte Flieger und Geschichten über wagemutige Flugpioniere vermitteln in Akureyris Flugzeugmuseum (▶ S. 90) die Luftfahrtgeschichte Islands.

in der Altstadt. Alle mit Zugang auf
Südbalkon, ideal für Selbstversorger.
Geislagata 10 • Tel. 8 92 98 38 • www.
hotelibudir.is • 2 Apartments mit
2–6 Betten • €€

ESSEN UND TRINKEN

RUB23 ▸ S. 91, b 2
Modern, chic, lecker • In einem
knallroten Restaurant gibt es vor
allem Fisch in frei wählbaren Kombinationen und Geschmacksrich-
tungen. Die renommierten Köche
Einar Geirsson und Kristján Þórir
Kristjánsson zaubern daraus immer
wieder pfiffig delikate, große Portionen. Für Erstbesucher empfiehlt sich
das Sechs-Gänge-»Mystery«-Menü.
Später am Abend geht es treppab in
die Bier- und Whisky-Bar.
Kaupvangsstræti 6 • Tel. 4 62 22 23 •
www.rub23.is • tgl. 17.30–22, Mo–
Fr auch 11.30–14 Uhr • €€€

Laxdalshús ▸ S. 91, b 1
Schnuckelig und delikat • Im ältesten Haus der Stadt, 1795 erbaut,
kommt traditionelles Essen aus
regionalen Quellen auf den Tisch:
Lamm, Stockfisch, Miesmuscheln
oder auch Pferdefleisch-Carpaccio.
Hafnarstræti 11 • 4 61 2900 •
20. April–5. Juni, Sept. tgl. 17–22,
6. Juni–Aug. tgl. 12–22 Uhr • €€

Café Amour ▸ S. 91, b/c 1
Kaffeepause mit Stil • Direkt am
Rathausplatz den Trubel genießen
und leckeren Kuchen schmausen –
dieses Café hat den besten Ruf dafür.
Abends kommt eine lange Cocktail-
karte zum Einsatz, mit Clubatmo-
sphäre im Obergeschoss bis spät in
die Nacht.
Ráðhústorg 9 • Tel. 4 61 30 30 • Fr–
Sa 11–4, So–Do 11–1 Uhr • €

MERIAN-Tipp **10**

EIS-ESSEN
Vielleicht heißt Island doch Eisland, weil seine Einwohner selbst
im tiefsten Winter gern zur Waffel
greifen. Die wohl besten Sorten
im Land soll seit Jahrzehnten
das kleine Familienunternehmen
Brynja haben – geöffnet ist es
täglich bis kurz vor Mitternacht.
Es setzt auf die Qual der Wahl:
welches Eis, welche Soße, welche
süßen Streusel aller Art? Exzellent
ist aber auch das Eis von der
Farm Holtsel, 20 km südlich von
Akureyri: Es kommt quasi frisch
von der Kuh in das kleine Café
mit Eisbar.
– Brynja: Akureyri, Aðalstræti 3 •
Tel. 4 62 44 8 ▸ S. 91, c 3
– Holtsel Farm: Eyjarfjarðarsveit •
Tel. 4 63 11 59 • www.holtsel.is
▸ S. 148, A 7

EINKAUFEN
Die meisten Designerläden, Galerien
und Souvenirshops befinden sich in
der Hafnarstræti, vor allem am Süd-
ende der Einkaufsmeile. Große Marken gibt es in der Glerártorg-Mall
nordwestlich vom Zentrum. Die Ski-
pagata zwischen Rathausplatz und
Kulturzentrum Hof hat sich eher auf
Handwerkskunst spezialisiert.

Fröken Blómfríður Antiksala
▸ S. 91, b/c 1
Bei »Fräulein Blumenhübsch« im
Wellblechhäuschen gleicht es ei-
nem Dachboden voller nostalgischer
Lieblingsobjekte, von Glitzerdeko
über altmodische Sammelobjekte
bis zu Secondhand-Kleidung. Man-

Hübsche Holzhäuser, kleine Läden und gemütliche Cafés säumen in Akureyri die Hafnarstræti (▶ S. 89), die Fußgängerzone, die direkt in die Altstadt führt.

ches ist original, manches im Vintage-Stil designt.
Hafnarstræti 19

Galleri Svartfugl og Hvitspói
▶ S. 91, b 1

Highlights der kleinen Galerie sind ungewöhnliche Leuchtkörper aus Draht und Wolle. Die gefilzten Einzelstücke von Anna Gunnarsdóttir sorgen für warmes Licht. Außerdem ist Designkunst von Sveinbjörg Hallgrímsdóttir zu finden, die auf klassisch-modernes Haushaltsdekor spezialisiert ist.
Brekkugata 3a • www.annagunnars. is • www.sveinbjorg.is • Mo–Fr 13–17, Sa 12–15 Uhr

Hrím Design House

Besonders innovative Designideen aus der Region finden sich bei »Reim Design« mit zwei Läden: im Kunstdistrikt Kaupvangsstræti und

im kleinen Souvenirladen im Kulturzentrum Hof bei der Touristeninformation.
www.hrim.is
– Kaupvangsstræti 10 ▶ S. 91, b/c 2
– Strandgata 12 ▶ S. 91, c 1

AM ABEND
Brugghúsbarinn
▶ S. 91, b/c 2

Die kleine, gemütliche »Brauhausbar« in der Altstadt bietet vor allem Bier der regionalen Brauerei Kaldi: ungefiltert, dunkel, hell und Spezialsorten zu Weihnachten, »Þorrablót« oder »Ostern«.
Kaupvangsstræti 23 • www.brugg smidjan.is • Fr–Sa 18–3, So–Do 18–1 Uhr

Götubarinn
▶ S. 91, c 2

Die schön altmodische »Straßen-Bar« im Zentrum ist beliebt bei den Einheimischen: In der Mitte steht ein Klavier, und es gehört zu einem gelungenen Abend, dass irgendjemand spielt und am Ende alle singen.

Hafnarstræti 95 • Fr–Sa 18–3, So–Do 18–1 Uhr

Leikfélag Akureyrar   ▶ S. 91, c 2

Abends geht es ins Theater – in Akureyri stehen regelmäßig Stücke isländischer Autoren, aber auch Tanz, Musical oder Oper auf dem Spielplan.

Hafnarstræti 57 • Tel. 4 62 02 00 • www.leikfelag.is • Saison Sept.–Juni

SERVICE

AUSKUNFT

Akureyrarstofa   ▶ S. 91, c 1

Kulturzentrum Hof, Strandgata 10 • Tel. 4 50 10 50 • www.visitakureyri.is • 15. Juni–Aug. tgl. 8–19, Sept. Mo–Fr 8–17, Sa, So 9–14, Okt.–April Mo–Fr 8–16, Mai–14. Juni Mo–Fr. 8–17, Sa 8–16 Uhr

Ziele in der Umgebung

◎ Dalvík   ▶ S. 148, A 6

1400 Einwohner

Der Ort namens »Tal-Bucht« am Eyjafjörður ist den meisten Besuchern vor allem als Durchgangsstation bekannt, für die Fähre nach Grímsey oder ab Árskógssandur auf die nahe Insel Hrísey. Doch der Fischerort, der 1934 durch ein starkes Erdbeben fast zerstört wurde, findet zunehmend Interesse auch als Ausgangspunkt für Wanderungen – etwa auf den Bergrücken Hamundarstað – und im Winter als Skigebiet. Jedes zweite Augustwochenende herrscht beim Fischfestival »Fiskidagurinn mikli« der Ausnahmezustand. Sehenswert ist neben Hafen und Kirche auch das Heimatmuseum (www.dalvikurbyggd.is/byggdasafn), das unter anderem den mit 2,34 m

größten Isländer, Jóhann Kristinn Pétursson, ehrt.

www.travel2dalvik.com, www.dalvik.is 40 km nordwestl. von Akureyri

◎ Grímsey   ▶ S. 148, A 5

Einmal den Polarkreis überqueren, das geht in Island nur auf »Gríms Insel« – benannt nach dem ersten Siedler, der auf dem kleinen grünen Eiland 40 km vor der Küste Fuß fasste. Es beherbergt neben unzähligen Seevögeln rund 85 Menschen, vor allem Fischer. Ein Schild markiert den Polarkreis, Besucher bekommen ein Zertifikat. Berühmt wurde Grímsey im 18. Jh. als Schachspieler-Insel. Heute ist neben dem Polarkreis die Papageitaucherkolonie der größte Anziehungspunkt. Die meisten Touristen bleiben nur wenige Stunden, sie kommen mit der Fähre 3 Std. ab Dalvík oder mit dem Flieger eine halbe Stunde ab Akureyri. Übernachten lässt sich ganzjährig in zwei Gästehäusern, das Restaurant Krían serviert im Sommer frischen Fisch.

www.grimsey.is
– Fähre: Tel. 4 58 89 70 • www.saefari.is • 15. Mai–31. Aug. Mo, Mi, Fr • Retourticket 7260 ISK, Kinder 12–15 J. 3620 ISK
– Flugzeug: Tel. 4 60 70 00 • www.flugfelag.is • 8. Juni–17. Aug. tgl., 18. Aug.–7. Juni Di, Do, So • Retourticket ab 17 980 ISK, Kinder 50 % erm.
– Gästehaus Gistiheimilið Básar: Tel. 4 67 31 03 • €
– Gästehaus Gistiheimilið Gullsól: Tel. 4 67 31 90 • €
90 km nördl. von Akureyri

◎ Hliðarfjall   ▶ S. 148, A 7

Auf dem Berg in 1000 m Höhe liegt die Skistation, rundherum das beliebteste Wintersportgebiet des ganzen Landes. In nur 10 Min. mit dem Auto oder Stadtbus ist die Talstation erreicht. Hier sind im Winter die Pisten abends beleuchtet. Anfänger finden leichte Pisten und eine Skischule, Könner schwingen auch im Tiefschnee.

www.hlidarfjall.is/en
6 km westl. von Akureyri

Hrísey 👥 ▸ S. 148, A 6

200 Einwohner

Die »Perle des Eyjafjörður« liegt nur eine Viertelstunde Fährfahrt entfernt: eine 7,5 km lange Insel mit schmuckem Fischerdorf, hübschen Gärten und geschützter Moor- und Heidelandschaft voller Spazierwege. Kinder lieben die Treckerfahrt an den Strand, Erwachsene die kulinarische Spezialität der Insel: frische Miesmuscheln im Gasthaus Brekka (www.brekka hrisey.is). Die Fähre geht auch im Winter bis zu siebenmal täglich.

www.visithrisey.is • Fähre ab Árskógs-sandur nordwestl. von Akureyri: Fähr-preis 1000 ISK, Kinder 500 ISK
Ca. 35 km nördl. von Akureyri

Jólagarðurinn 👥 ▸ S. 148, A 7

Ein rot-weißes Schleckerhaus mit Café beherbergt das ganze Jahr ein Weihnachtsparadies. Tief im Keller steckt hinter einer »Felsspalte« die Trollmutter »Grýla«. Draußen wartet ein Spiel- und Picknickgarten, drinnen gibt es Weihnachtssouvenirs satt. Besonders isländisch ist das crêpeartige typische »Laufabrauð«: als Deko ebenso geeignet wie zum Selberbacken.

An der Straße 821 • Juni–Aug. tgl. 10–22, Sept.–Dez. tgl. 14–22, Jan.–Mai tgl. 14–18 Uhr • Eintritt frei
10 km südl. von Akureyri

Kjarnaskógur 👥 ▸ S. 148, A 7

Der meist besuchte »Wald« des Landes. Die niedrigen Bäume wachsen erst seit 1952. Doch das Gelände ist bei Ausflüglern und Aktivurlaubern beliebt: als Joggingstrecke, Kinderspielplatz und Langlaufloipe, zum Picknicken und Spazierengehen. Hier gibt es auch den größten Campingplatz Islands (www.hamrar.is).

www.kjarnaskogur.is
3 km südl. von Akureyri

Ólafsfjörður ▸ S. 148, A 6

930 Einwohner

Der Ort an »Olafs Fjord« bildet seit 2006 gemeinsam mit Siglufjörður die Gemeinde Fjallabyggð. Von Süden aus ist sie durch einen 3,4 km langen, einspurigen Tunnel erreichbar. Der Fischerort liegt zu Füßen einer schönen Wanderregion mit atemberaubendem Ausblick auf die schneebedeckten Gipfel am anderen Fjordufer. Ein Naturkundemuseum zeigt die Vielfalt der hiesigen Vogelwelt (mit Vogeleier-Sammlung), vor allem an **Hvanndalabjarg**, der mit 630 m höchsten Meeresklippe Islands, widmet sich aber auch Polarfüchsen und Eisbären. Anfang Juli macht seit Jahren ein Blues- und Jazzfestival von sich reden.

www.fjallabyggd.is
62 km nordwestl. von Akureyri

MUSEEN

Síldarminjasafnið (Museum der Herings-Ära)

Zwei alte Gebäude aus der Ära sind heute Museum: Im einen sind originale Schlaf- und Wohnräume der Heringsputzerinnen zu sehen, im anderen zeigen große Maschinen, was Schritt für Schritt mit dem »Silber der See« geschah, damit da-

Ein Erdbeben hätte das malerische Fischerörtchen Dalvík (▶ S. 95) am Eyjafjörður im Jahr 1934 fast ausgelöscht. Längst hat es sich aber von den Folgen erholt

raus Fischöl und Fischmehl wurde. Bis die Heringsschwärme in den 1970er-Jahren plötzlich ausblieben. Spannend ist auch das dritte Haus, um einen der alten Fischkutter herum gebaut. Zusammen mit anderen Booten, Werkstätten und passendem Bild und Ton wird die alte Zeit fast wieder lebendig. Jeden Samstag im Juli zeigen Schauspieler in alter Tracht das Fischen, Einsalzen und das Feiern danach.

Snorragata 15 • www.sild.is • Juni–Aug. tgl. 10–18, Mai, Sept. tgl. 13–17 Uhr • Eintritt 1200 ISK, Kinder frei

Þjóðlagasetur (Volksmusikzentrum)

Die traditionelle Musik Islands erwacht hier zu neuem Leben: Filme zeigen Menschen beim Singen von Sagas, Kinderliedern oder alten Zwiegesängen und mit typischen Instrumenten aller Art. Hier lebt das Erbe von Bjarni Þorsteinsson, der sich dem Sammeln der Volkslieder verschrieben hatte. Alljährlich Ende Juli feiert ein Festival die alten Musiktraditionen.

Norðurgata 1 • Juni–Aug. tgl. 12–18 Uhr • Eintritt 600 ISK, Kinder frei

ÜBERNACHTEN
Brimnes Hótel

Urig • Der Clou des kleinen Hotels sind die Blockhütten direkt am Wasser. Mit Kochecke und Bad bieten vor allem die größeren einen komfortablen Aufenthalt mit tollem Blick. Zu jeder Hütte gehört ein Hot Tub auf der Veranda. Das Hotel vermittelt auch Apartments im Ort.
Bylgjubyggo 2 • Tel. 4 66 24 00 • www.brimnes.is • 11 Zimmer, 8 Hütten • €€–€€€

ESSEN UND TRINKEN
Das Rote, das Gelbe und das Blaue

Rustikal und delikat • Direkt am Hafen stehen drei frisch renovierte Bootsschuppen in leuchtenden Farben. Das Hannes Boy Café in Gelb serviert im Ambiente der Heringszeit gutes Essen zu guten Preisen aus regionalen Zutaten. Nebenan bietet das rote Kaffi Rauðka leichtere Mahlzeiten und Snacks zum Drink, oft bei Livemusik. Das blaue Haus dient künftig als Galerie für Künstler und Kunsthandwerker der Region.
Suðurgata 10 • Tel. 4 67 15 50 • www.raudka.is • Hannes Boy: Fr, Sa 18–22 Uhr, Kaffi Rauðka: Fr, Sa 12–1, So–Do 12–18 Uhr • €€

EINKAUFEN
Fríða Art Gallery

Die Allroundkünstlerin Fríða Björk Gylfadóttir hat sich mit Familie in Siglufjörður niedergelassen und betreibt seit 2006 ihr kleines Studio. Weitere Kunstwerke im Ort zu sehen und erwerben gibt es in der Sigló Art Gallery (Suðurgata 6) und der Bergþór Mortens Art Gallery (The Tynes House).
Túngata 40a • www.frida.is

◎ Siglufjörður   ▸ S. 148, A 6
1400 Einwohner

Die nördlichste Stadt Islands am Ende der Landzunge Tröllaskagi war noch vor zwei Generationen boomende Hauptstadt der Heringsindustrie: Bis zu 10 000 Menschen lebten hier von den riesigen Fischschwärmen vor der Küste, die im großen Stil eingesalzen oder in Fabriken verarbeitet wurden. Heute drehen die Einwohner jeden Sommer zum großen Heringsfestival »Síldaraevintýri« die Zeit zurück. Über Land war Siglufjörður bis 2006 sehr isoliert: Erst dann verkürzten zwei lange Tunnel den Weg zum Schwesterort Ólafsfjörður von 62 km oft gesperrter Bergstraße auf 17 km. Seither nimmt der Ort touristischen Aufschwung, neben preisgekrönten Museen und fantastischen Wander-, Ski- und Angelmöglichkeiten wächst die Infrastruktur. Im Jahr 2014 soll ein Vier-Sterne-Hotel eröffnen.
www.fjallabyggd.is, www.siglo.is
79 km nordwestl. von Akureyri

◎ Smámunasafnið   ▸ S. 148, A 7

Das »Museum der kleinen Dinge« ist das Erbe des exzentrischen Handwerkers Sverrir Hermannsson. Ob organisierter Messie oder passionierter Sammler: Seine Objekte reichen von Teekesseln und Steckdosen

---

WUSSTEN SIE, DASS …

… isländische Nachnamen traditionell nach dem Vornamen des Vaters gebildet werden, wie Eriksson (Eriks Sohn) oder Eriksdóttir (Eriks Tochter)? Vor 1991 waren eine Zeitlang Ausnahmen erlaubt. Beim Heiraten behalten Frauen ihren Namen.

Torfgedeckte Häuser und andere historische Gebäude aus Islands Geschichte stehen im Museumshof Glaumbær (▸ S. 100) und verströmen den Duft der guten alten Zeit.

zu Registerkassen, falschen Zähnen und Nägeln, die einst in historischen Balken steckten. Ein kleines Café lädt zum Verweilen ein. Nebenan auf einem Hügel steht die 150 Jahre alte Torfkirche Saurbæjarkirkja.
Sólgarður an Straße 821, Eyjafjarðarsveit • www.smamunasafnid.is • 15. Mai–15. Sept. tgl. 13–18 Uhr • Eintritt 500 ISK, Kinder frei
27 km südl. von Akureyri

Sauðárkrókur   ▸ S. 147, F 3
2600 Einwohner
Der größte Ort der Region Skagafjörður und Herz der gleichnamigen Großgemeinde, oft nur »Krókur« genannt, ist offizielles und kulturelles Zentrum des Nordwestens. Sehenswert sind die hölzerne Kirche aus dem Jahr 1892 und einige alte Häuser im Stadtbild. Der Ort eignet sich besonders gut als Hauptquartier für Ausflüge in alle Himmelsrichtungen, wandernd oder noch passender hoch zu Ross. Denn die Region ist ein Mekka der Pferdezüchter – mitten in Sauðárkrókur steht die Skulptur eines Islandpferdes. In der Gegend findet jeden Sommer die renommierte Pferdewoche »Landsmót« (www.landsmot.is) statt. Auf der Halbinsel Skagi und der nahen Vogelinsel Drangey spielte das Saga-Drama um den geächteten Helden Grettir Ásmundsson.
www.visitskagafjordur.is

MUSEEN
Gestastofa Sútarans (Fischlederei)
Fisch macht schick – dachten sich skurril-kreative Isländer und brachten gegerbte Fischhäute auf die Laufstege der Welt. Immer öfter tauchen auch in Paris und New York trendig-

bunte Lachsschuhe, Barschtaschen oder Seewolfgürtel auf. Dabei zeigt jede Fischart andere typische Muster und Strukturen. Wie die fragilen Häute zu beinahe reißfestem Leder werden, lässt sich in Europas einziger Fischgerberei beobachten. Neben dem neuen, informativen Besucherzentrum bietet ein Shop Designerstücke, aber auch Rohleder.

Borgarmýri 5 • www.sutarinn.is • Juni–15. Sept. Mo–Fr 11–17, Sa 11–15, 16. Sept.–Mai Mi und Fr 13–16 Uhr • Eintritt 1000 ISK

Minjahús (Heimatmuseum) ⛤⛤

Die älteste Nähmaschine Islands steht hier, neben Werkzeugen, Instrumenten und weitere Utensilien. Besonders auch für Kinder spannend sind die Werkstätten von Uhrmacher, Schmied und Sattelmacher aus alter Zeit. Die Sonderausstellung »Schätze in der Erde« zeigt die Arbeit und Fundstücke der Archäologen.

Aðalgata 16b • www.visitskagafjordur.is • 10. Juni–31. Aug. tgl. 13–21 Uhr • Eintritt 700 ISK, Kinder frei

ÜBERNACHTEN
Hótel Tindastóll

Gemütlich mit Geschichte • Das wohl älteste Hotel Islands wurde 1820 ursprünglich als Lagerhaus im nahen Hofsós errichtet. Heute in Sauðárkrókur, diente es seit 1884 als Herberge. Liebevoll im alten Stil eingerichtet, bietet es modernen Komfort – mit Lounge im Keller und Hot Tub im Garten. Die Räume heißen nach berühmten Isländern. Auch Filmdiva Marlene Dietrich nächtigte hier schon.

Lindargata 3 • Tel. 4 53 50 02 • www.hoteltindastoll.is • 20 Zimmer, 2 Suiten • €€€

ESSEN UND TRINKEN
Ólafshús

Unbedingt Fisch • Das blaue Restaurant mit dem großzügigen Inneren hat sich höchste kulinarische Qualität aufs Menü geschrieben, auch bei Alltagsgerichten wie Pizza oder Pasta. Sehr lecker: die Fischgerichte und die »Skyr«-Torte mit Vanille.

Aðalgata 15 • Tel. 4 53 64 54 • www.olafshus.is • €€

Ziele in der Umgebung

◉ Glaumbær ⛤⛤   ▶ S. 147, F 3

Der Museumsbauernhof auf dem Weg nach Varmahlíð ist wohl das schönste von Islands Torfhaus-Museen. Hier soll die frühe Vielreisende und Entdeckerin Guðríður gelebt haben, die bis nach Nordamerika segelte. An verschiedenen Grassodenhäusern zeigt das Museum, wie sich der Baustil mit der Zeit änderte: von Langhäusern der Landnahmezeit über Torfgiebelhöfe bis zu Holzhäusern im 19. Jh. In den original eingerichteten Räumen lässt sich die karge Lebensweise der Vergangenheit gut nachempfinden.

www.glaumbaer.is • 1. Juni–10. Sept. tgl. 9–18 Uhr • Eintritt 800 ISK, Kinder frei

17 km südl. von Sauðárkrókur

ESSEN UND TRINKEN
Áskaffi

Wie bei Oma • Kaffee und heiße Schokolade wie anno dazumal gibt es im Café des Museumsdorfes Glaumbær. Es gibt leckere typisch isländische Kuchensorten, das Schmalzgebäck »Kleinur«, Pfannkuchen oder Roggenfladen mit Lammfleisch.

Glaumbær • Tel. 4 53 88 55 • www.askaffi.is • Juni–Aug. tgl. 9–18 Uhr

◎ **Hafíssetrið (Packeis-museum)**   ▶ S. 147, E 3

In Blönduós, einen Fjord weiter westlich als Sauðárkrókur, wartet in einem der ältesten Holzhäuser Islands ein besonderes Museum: Hier dreht sich alles um die Eismassen, die im Winter vom Polarmeer an den Strand treiben. Die Ausstellung hält viele Bilder und Geschichten bereit, auch über Eisbären und den gelegentlichen Eisbär in der Bucht.
Hillebrandtshús, Blönduós • www.blonduos.is/hafis • Juni–Aug. tgl. 11–17 Uhr • Eintritt 400 ISK, Kinder frei
48 km westl. von Sauðárkrókur

◎ **Hólar**   ▶ S. 147, F 3

110 Einwohner

Der kleine Ort atmet große Geschichte: Hier war seit 1106 der Bischofssitz für Nordisland. Sechs Jahrhunderte lang war Hólar religiöses Zentrum, hier entstand Islands erste Landkarte, arbeitete die erste Druckerpresse, erschien die erste komplette Bibelübersetzung auf Isländisch. Und der letzte katholische Bischof verlor seinen Kopf, als das Land evangelisch wurde. Sehenswert ist das steinerne Gotteshaus von 1763, die **Hóladómkirkja**, mit kunstvoll farbenprächtigem Innenraum. Die große Attraktion der Region heute ist das Islandpferd. Hólars Hochschule ist auf seine Zucht und Haltung spezialisiert, und das Nationale Pferdezentrum Sögusetur I.H. hält viele Informationen bereit (www.sogusetur.is). Am besten lässt sich das aber aktiv auf dem Pferderücken erleben: Zahlreiche Reiterhöfe bieten Ausritte in die Umgebung an, am bekanntesten sind die abwechslungsreichen Touren der Familienfarm Pólar Hestar (▶ S. 28).

www.northwest.is/2holar.asp
30 km östl. von Sauðárkrókur

◎ **Vesturfarasetrið (Isländisches Emigrationszentrum)**   ▶ S. 147, F 2

Als die Not zu groß wurde, zog es viele Isländer im vorigen Jahrhundert in die Neue Welt. Hier im kleinen Fischerdorf werden ihre Geschichten erzählt: ein sehenswerter anderer Blick in Islands Historie.
Hofsós • www.hofsos.is • Juni–Aug. tgl. 11–18 Uhr
37 km nordöstl. von Sauðárkrókur

ESSEN UND TRINKEN

Lónkot

Unerwarteter Hochgenuss • Mitten im windigen Nichts, an der Küste mit Blick auf Drangey, liegt ein einsamer Hof für sommerliche Hochgenüsse: In der Küche des Familienrestaurants werden regionale Zutaten mit Blüten, Kräutern und Beeren zum Gaumenschmaus.
Lónkot bei Hofsós • Tel. 4 53 74 32 • www.lonkot.com • Juni–Aug. 8–24 Uhr • €€€

SERVICE

AUSKUNFT

Touristeninformation Varmahlíð

Varmahlíð an der Ringstraße • Tel. 4 55 61 61 • www.visitskagafjordur.is • 10. Juni–31. Aug. tgl. 13–21 Uhr

◎ **Víðimýrarkirkja**   ▶ S. 147, F 3

Das kleine Gotteshaus von Víðimýri, 1834 gebaut, ist eine der wenigen erhaltenen Torfkirchen des Landes. Sehenswert ist das Innere mit Holzschnitzereien und bemalten Pfeilern.
Víðimýri bei Varmahlíð • Juni–Aug. tgl. 9–18 Uhr • Eintritt 400 ISK, Kinder frei
26 km südl. von Sauðárkrókur

Der Westen
Von der Halbinsel Snæfellsness, die als »Island im Kleinformat« gilt, reicht der Landstrich über die abgelegenen Schönheiten der Westfjorde bis zu den Geisterdörfern am abgeschnittenen »Ende der Welt«.

◄ Der mystische Vulkan Snæfellsjökull (▸ S. 106) krönt die Halbinsel
Snæfellsness.

Der Westen   Der Norden   Der Osten

Reykjavík und   Der Süden
Umgebung

Nördlich von Borgarnes beginnt jene Küstenregion, die sich am weites-
ten von der Ringstraße entfernt. Sie
ist rau, einsam und dünn besiedelt.
Und sie wird auf Rundreisen meist
links liegen gelassen – unverdien-
termaßen. Denn obwohl dieser ur-
alte Landstrich keine spektakulären
Vulkanaktivitäten mehr bietet – er
liegt nordwestlich der tektonischen
Bruchzone –, gehört er zu den
reizvollsten Gebieten des Landes.
Auf **Snæfellsnes**, das sich weit nach
Westen ins Meer streckt, locken Gletscher und Vulkanberge, verwitterte
Küsten und Fischerdörfchen. Weiter
nach Norden strecken sich die **Westfjorde (Vestfirðir)** wie eine große
Pranke in den Atlantik, mit tief
eingeschnittenen Fjorden zwischen
mächtigen Basaltplateaus, zu karg
meist für Landwirtschaft. Dafür tauchen die Bergflanken teils fast über-
gangslos ins Meer und bilden ideale,
dicht umschwärmte Vogelfelsen. Die
Westfjorde sind nichts für Eilige, jede
Straße ist ein Abenteuer. Und ganz
im Norden liegt – nur per Boot oder
zu Fuß zu erreichen – Islands »Ende
der Welt«: **Hornstrandir**.

Stykkishólmur   ▸ S. 146, A 4

200 Einwohner

Der größte Orte auf der Halbinsel
Snæfellsness, seit 1550 ein Handelsplatz und einst zentraler Fischerei-
hafen der Halbinsel, ist idealer Ausgangspunkt für Touren über Land
– besonders zum **Nationalpark
Snæfellsjökull** – oder aufs Meer in
die vorgelagerte Schärenlandschaft
der **Breiðafjörður-Bucht**. Von hier
startet auch die Fähre in Richtung
Flatey und **Westfjorde**. Stykkishólmur selbst kombiniert liebevoll
restaurierte Häuschen, darunter das
Norska Husið von 1828, mit frischer
Architektur und einem hübschen
Hafen.

SEHENSWERTES

Schärenlandschaft und
Breiðafjörður

Reizvoll und sehenswert ist der Fjord
vor Stykkisholmur, der sich per Boot
mit der Seatours-Line erforschen
lässt. Angeboten werden auch Spezi-
altouren für Vogelfans, Angler oder
Gourmets: mit Fang und Verkosten
von Kammmuscheln direkt an Bord.
Smiðjusígur 3 • Tel. 4 33 22 54 • www.
seatours.is • tgl. und ganzjährig • Ti-
cket je nach Tour ab 6000 ISK

Stykkishólmskirkja

Die futuristische weiße Betonkirche
mit einem kühnen Schwung in den
Himmel hat ein ebenso sehenswertes
Inneres und bietet im Sommer klas-
sische Konzerte.
Borgarbraut • tgl. 10–17 Uhr • Eintritt
frei

Vatnasafn (Wasserbibliothek)

Das Wasser von Islands Gletschern
in 24 Glassäulen lässt einen lichten
Raum oberhalb des Hafens farbig
schimmern – eine Installation der
US-Künstlerin Roni Horn. Mit

phänomenalem Blick über den Fjord und einer Ecke zum Schachspielen, ideal zum Entspannen.
Bókhlöðustígur 17 • www.libraryof
water.is • Juni–Aug. tgl. 13–18, Mai, Sept. Sa, So 13–18 Uhr • Eintritt frei

MUSEEN

Eldfjallasafn (Vulkanmuseum)

Natur- und Kunstobjekte erzählen die Geschichte hiesiger Vulkanausbrüche. Neben täglichen Führungen auf Englisch begleiten Vulkanologen auch geologische Tagestouren in die Region.
Aðalgata 8 • www.eldfjallasafn.is • Mai–Sept. 11–17 Uhr • Eintritt 700 ISK, Kinder frei

Norska Husið (Norwegisches Haus)

Das einstige Wohnhaus des Unternehmers Árni Þorlacius war 1932 das erste Holzhaus Islands mit Obergeschoss. Heute beherbergt es das Heimatmuseum und im Obergeschoss eine original erhaltene Wohnung mit isländischem Mobiliar aus dem 19. Jh.
Hafnargata 5 • www.norskahusid.is • tgl. 11–17 Uhr • Eintritt 700 ISK, Kinder 300 ISK

ÜBERNACHTEN

Hringhótel Stykkishólmur

Komfortabel mit Stil • Direkt am Meer, 700 m vom Hafen entfernt, liegt das helle und modern renovierte Vier-Sterne-Hotel. Das hauseigene Restaurant bietet zum opulenten Frühstücksbuffet besten Blick auf den Fjord. Gäste dürfen den nahen Golfplatz gratis nutzen.
Borgarbraut 8 • Tel. 4 30 21 00 • www. hringhotels.is • 79 Zimmer • März–Okt geöffnet • ♿ • €€€

Orlofsíbúðir

Luxus für Selbstverpfleger • Geräumige, modern und anspruchsvoll ausgestattete Apartments in bester Ortslage, jedes mit Balkon und Außengrill.
Mund • Tel. 8 61 31 23 • www.orlofsi budir.is • 12 Apartments • €€€

Bænir & brauð

Fantastischer Ausblick • Familiäres Bed & Breakfast, stilvoll eingerichtet mit hellen Räumen und herzlichem Service. Besonders gute Betten und exzellentes Frühstück machen dem Haus alle Ehre. Vom Hot Tub auf der Terrasse aus geht der Blick aufs Meer und die Stykkisholmkirkja.
Laufásvegur 1 • Tel. 8 20 54 08 • www. baenirogbraud.is • 8 Zimmer • €€

ESSEN UND TRINKEN

Hringhótel Stykkishólmur

Kulinarische Kreationen • Das Restaurant mit fantastischem Meerblick bietet moderne isländische Küche. Der Koch kombiniert gern Regionales mit Orientalischem.
Borgarbraut 8 • Tel. 4 30 21 00 • www. hringhotls.is • März–Okt. geöffnet • ♿ • €€€

Fimm Fiskar

Frische Meeresküche • Charmant die Einrichtung, lecker die Küche: Die namensgebenden »fünf Fische« gibt es in allen Zubereitungen. Unbedingt die örtlichen, frischen Kammmuscheln probieren.
Frúarstíg 1 • Tel. 436 16 00 • www. simnet.is/fimmfiskar • €€

Narfeyrarstofa

Historisch • Restaurant und Café in einem Haus mit langer Geschichte. Das Kuchenbuffet überzeugt ebenso

Der Hafenort Stykkishólmur (▶ S. 103) ist seit vielen Jahrhunderten Handelsplatz und heute idealer Ausgangspunkt für Touren auf der ganzen Halbinsel Snæfellsness.

wie die Speisekarte, das Geschirr stammt von einer Töpferin vor Ort. Aðalgata 3 • Tel. 3 48 11 19 • www.narfeyrarstofa.is • Mo–Fr 11–13.30, Do 18–21, Fr 18–1, Sa 17–1, So 17–21 Uhr • €€

EINKAUFEN
Galleri Lundi
Kleine Mitbringsel von Kunsthandwerkern vor Ort.
Aðalgata 4 a

SERVICE
AUSKUNFT
Stykkishólmur Informationsbüro
Aðalgata 29 • Tel. 4 33 81 20 • www.westiceland.is, www.stykkisholmur.is • 16. Mai–31. Aug. geöffnet

Ziele in der Umgebung
◎ **Flatey** ▶ S. 146, B 3
5 Einwohner
Die hübsche Insel auf halbem Weg zu den Westfjorden, mitten im Breiða-

fjörður, ist flach und nur im Sommer voller Menschen. Hier scheint die Zeit stillzustehen zwischen restaurierten Lädchen und Warenhäusern, mancher Isländer zieht sich hier in sein Sommerhaus zurück. Ein erholsamer Zwischenstopp auf dem Wasserweg Richtung Norden. Sehenswert sind auch die kunstvollen Fresken der alten **Siedlungskirche**, die älteste Bibliothek Islands von 1864 mit dem mittelalterlichen Manuskript »Flateyjarbók«. Wer über Nacht bleibt, kann Seehunde und Vogelbrutgebiete oder die umliegenden Inselchen besuchen.
40 km nördl. von Stykkishólmur

ÜBERNACHTEN
Hótel Flatey
Historisch gemütlich • Im alten Packhaus gelegen, bietet das Hotel helle, gut ausgestattete Zimmer und ein Restaurant (vom Sandwich bis zum Vier-Gänge-Menü).

Pakkhus • Tel. 4 22 76 10 • www.
hotelflatey.is • 7 Zimmer • Juni–
Aug. geöffnet • €€

◎ Grundarfjörður ▶ S. 146, B 4
950 Einwohner

In einer spektakulär-malerischen
Bucht liegt das kleine Dorf zwischen
Snæfellsjökull und Stykkisholmur.
Die gelungene Kombination eines traditionellen Fischerdorfs mit
modernem Charme hat mehrere
Umweltpreise erhalten. Rund um
den wohl meistfotografierten Berg
Islands, den **Kirkjufell**, locken leicht
zu bewältigende Wanderwege und
feine Strände.
www.grundarfjordur.is
37 km westl. von Stykkishólmur

ÜBERNACHTEN
Hótel Framnes

Gemütlich maritim • Die Dekorati-
on erinnert an das ehemalige Seefah-

rerheim, heute bieten die Zimmer
Komfort und viele einen Fjordblick.
Das Nichtraucherhaus verfügt neben Sauna und Hot Tub auch über
ein Restaurant mit renommierter
Regionalküche.
Nesvegur 6 • Tel. 4 38 68 93 • www.
hotelframnes.is • 29 Zimmer • Restaurant tgl. 19–21 Uhr • ♿ • €€

◎ Snæfellsjökull Nationalpark
▶ S. 146, A 4

An der Westspitze der Halbinsel
Snæfellsness liegt der gleichnamige
Berg, der »König der isländischen
Berge«. Sein Gletscher gilt Esoteri-
kern als eine der größten Energie-
quellen der Welt, samt Umgebung
ist er seit 2001 als Nationalpark
geschützt: Hier treffen schroffe La-
vaformationen auf Meer und grünes
Land, in dessen Mitte der eisgefüllte
Vulkangipfel in die Wolken ragt.
Oben begann einst Jules Vernes'

Malerisch vor hohen Bergen liegt das Dorf Grundarfjörður (▶ S. 106), das Tradition
und Moderne so umweltfreundlich kombiniert, dass es dafür Preise bekommen hat.

»Reise zum Mittelpunkt der Erde«. Und auch Nobelpreisträger Halldór Laxness hat den Berg literarisch verewigt.

Informationszentrum: www.ust.is/ snaefellsjokull • 20. Mai–10. Sept. tgl. 10–18 Uhr • Eintritt frei 73 km westl. von Stykkishólmur

SEHENSWERTES

Besondere Ziele im Nationalpark sind die Wanderung zum höchsten Punkt **Þúfur**, der Weg zum nordwestlichen Leuchtturm **Öndverðarnes** über das Lavafeld **Neshraun**, der **Schiffsfriedhof** in der Bucht Dritvik bei Djúpalónssandur und die Eis- und Lavahöhlen **Vatnshellir** (nur mit Führung). Im Sommer gibt es ab Arnarstapi geführte Schneemobiltouren auf das Gletschereis (Tel. 4 35 67 83, www.snjofell.is, Mai–Sept., ab 5250 ISK).

Patreksfjörður ▶ S. 146, A 3

630 Einwohner

Der Ort am Nordufer des gleichnamigen Fjordes war in früheren Zeiten einer der regionalen Handelsposten. Benannt ist er nach dem hl. Patrick von Irland – vielleicht pflanzte man deshalb hier im 18. Jh. Islands erste Kartoffeln. Heute lebt der größte Ort der südlichen Westfjorde vom Fischfang. Darüber hinaus ist er ein wichtiger Anlaufpunkt für Reisende in der Region und ein idealer Ausgangspunkt für Wanderungen.

MUSEEN
Minjasafn Egils Ólafssonar

Das skurrile Heimatmuseum spiegelt die gesamte Bandbreite der Sammlerleidenschaft des Bauern Egill Ólafsson wider: vom Alltagsle-

ben bis zu Flugzeugen. Lokale Leckereien im Museumscafé.

Hnjótur • Tel. 4 56 15 11 • www. hnjotur.is • 21. Mai–11. Sept. tgl. 10–18 Uhr • 600 ISK, Kinder frei 35 km südl. von Patreksfjörður

ÜBERNACHTEN
Ráðagerði

Klein aber fein • Das Haus eines Architekten und einer Designerin ist mit eigenen Stoffen und Mustern ausgestattet, die hier auch zu kaufen sind. Es überblickt von seiner Klippe aus den Ort und den Fjord.

Aðalstræti 31 • Tel. 4 56 01 81 • www. radagerdi.com • 8 Zimmer • Juli–Sept. geöffnet, im Winter auf Anfrage • €€

Ziele in der Umgebung

◎ Flókalundur und Nationalpark Vatnsfjörður ▶ S. 146, B 3

Das Gebiet rund um den See Vatnsdalvatn ist ein Naturschutzgebiet, in dem rund 20 Vogelarten leben, aber auch Polarfüchse, Nerze und Seehunde. Viele Wanderpfade durchziehen das Gelände, auch zu den Klippen der Halbinsel Hörgnes. Am Rande liegt das kleine Hotel Flókalundur mit Regionalküche (Tel. 4 56 20 11, www.flokalundur.is). Nur 5 Min. entfernt legt in Brjánslækur die Fähre von Stykkishólmur und Flátey an.

62 km östl. von Patreksfjörður

◎ Látrabjarg 🟧9 ▶ S. 146, A 3

Die gut 400 m hohe und etwa 14 km lange Steilklippe markiert den westlichsten Punkt Europas. Als größter Vogelfelsen Islands bietet er im Sommer Brutplätze für unzählige Seevögel. Papageitaucher sind hier ungewöhnlich zutraulich. Der Parkplatz am Leuchtturm Bjargtanga ist

Ausgangspunkt für zahlreiche Wanderungen in beliebiger Länge. Das 10 km entfernte Breiðavík hat einen der schönsten Strände mit hellem Sand und kristallblauem Wasser.

55 km südl. von Patreksfjörður

ÜBERNACHTEN
Hotel Látrabjarg

Ideal gelegen • Das familiengeführte Sommerhotel ist eher schlicht, aber hell und ansprechend eingerichtet. Es punktet besonders mit seiner Lage, nur zehn Fußminuten von der Vogelklippe entfernt.

Örliygshöfn • Tel. 4 56 15 00 • www. latrabjarg.com • 15 Zimmer • 15. Mai–15. Sept. geöffnet • €€€

◎ Rauðasanður ▸ S. 146, A 3

Breiter, kilometerlanger Sandstrand am nördlichen Breiðarfjörður, benannt nach seiner einzigartig roten Färbung durch Muschelschalen. Am Rand steht die kleine Kirche von Saurbær. Das abgelegene Kaffihús Rauðasandi ist an Juli- und Augustnachmittagen meist geöffnet. Ideal für ausgedehnte Spaziergänge bis hin zur Látrabjarg-Klippe.

32 km südl. von Patreksfjörður

Bíldudalur ▸ S. 146, B 3

170 Einwohner

Die Ortschaft, im 17. Jh. um einen dänischen Handelsposten entstanden, schmiegt sich auf die Bergflanke, die in den Arnarfjörður abfällt. Anfang des 19. Jh. waren es vor allem zwei der einflussreichsten isländischen Kaufleute, Ólafur Thorlacius und Pétur J. Thorsteinsson, die ihre weitere Entwicklung maßgeblich geprägt haben. Viele Gebäude aus dieser Zeit existieren noch heute.

www.bildudalur.is

MUSEEN
Melodiur Minninganna Tonlistarsafn (Musikmuseum)

Im privaten Musikmuseum »Erinnerungsmelodien« gedenkt der 1960er-Jahre-Popstar Jóns Kr. Ólafssonar der großen Musiker seiner Zeit. Zu den Platten an den Wänden legt er auch seine Lieblingsmusik auf.

Tjarnarbraut 5 • Juni–Sept. Mo–Fr 14–18 Uhr • Eintritt 500 ISK

Skrímslasetrið (Seeungeheuermuseum) 👫👶

Das Museum dokumentiert seit 2009 die hier angeblich stärkste Monsteraktivität Islands. Liebevoll und interaktiv mit Multimedia-Geschichten ausgestattet macht es auch Kindern viel Spaß. Mit Café.

Strandgata 7 • www.skrimsli.is • 1. Juni–10. Sept. tgl. 11–18 Uhr • 800 ISK, Kinder frei

ÜBERNACHTEN
Bíldudalur Apartments

Schlicht und praktisch • Mehrere Selbstversorger-Apartments des Eagle Fjord Travel Service mit zwei bis sieben Schlafzimmern sind über den Ort verteilt, mit Küche und geräumigen Wohnzimmern.

Gilsbakki 2–4 • Tel. 8 94 16 84 • www. bildudalur.is • €€

Ziele in der Umgebung
◎ **Listasáfn Samúels**

Ein skurriler Park aus Betonskulpturen, fast verloren und doch reizvoll vor hohen Bergflanken, ziert den Flecken Selárdalur – wunderschöne, 25 km lange Küste westlich von Bíldudalur. Der arme Bauer und Bildhauer Samúel Jónsson schuf sie im naiven Stil, auch nach großen

Der westlichste Punkt Europas ist zugleich größter Vogelfelsen des Kontinents: Die Klippen bei Látrabjarg (▶ S. 107) fallen bis zu 400 m tief steil ins Meer ab.

Vorbildern, und baute seine eigene Kirche um ein Altarbild, das der örtliche Pfarrer verschmähte.
Selárdalur • frei zugänglich, Kirche Juli–Aug. geöffnet • Spende 300 ISK
25 km westl. von Bíldudalur

◎ **Tálknafjörður**   ▶ S. 146, A 3
300 Einwohner
Südlich von Bíldudalur liegt der Ort am gleichnamigen Fjord, hier findet sich versteckt am Ortsrand ein Heißwasser-Pool mit bester Aussicht. Gegenüber liegen Reste einer

Walfangstation bei **Suðureyri** – nicht zu verwechseln mit Suðureyri bei Ísafjörður, wo eine moderne Fabrik umweltbewusst gefangenen Fisch auf die Teller bringt.
19 km südl. von Bíldudalur

Þingeyri   ▶ S. 146, B 2
260 Einwohner
Der älteste Handelsposten der Westfjorde liegt am südlichen Dýrafjörður, vermutlich geht er als Þingplatz bis in die Sagazeit zurück. Jeden Juli findet ein großes **Wikingerfest**

statt (www.westvikings.info). Ein **Lagerhaus** von etwa 1734 zeugt von der schon damals wichtigen Fischindustrie; amerikanische Heilbuttfischer trafen hier auf französische Walfänger. Guter Ausgangspunkt für Wanderungen, auch auf den Gipfel **Kaldbakur**, dem höchsten Berg der Westfjorde.

SEHENSWERTES
Gamla Smiðjan G. J. Sigurðssonar VBK

Die »alte Schmiede« von 1913 ist die älteste noch in Betrieb befindliche Maschinenfabrik Islands, und die ursprünglichen Geräte sind im Originalzustand erhalten. Sie steht interessierten Besuchern offen.
Hafnarstræti 14 • Mo–Fr 8–17 Uhr

◎ Dynjandi ▸ S. 146, B 2

Der Dynjandis- oder **Fjallfoss** zwischen Bíldudalur und Þingeyri ist der eindrucksvollste Wasserfall der Westfjorde und steht als einer der schönsten Islands unter Landschaftsschutz. Rund 100 m tief stürzt die Dynjandisá in sieben Kaskaden die Steilwand hinunter und wird zum rauschenden Fächer. Neugierige laufen dahinter entlang. Nordwestlich davon erstreckt sich die karge Moorebene **Dynjandisheiði** mit einem Monument für den hier erschlagenen Saga-Helden Gísli.
33 km südöstl. von Þingeyri

ÜBERNACHTEN
Gistihús Sandafell ⚥⚥

Freundliches Familienhotel • Ein gemütliches Sommer-Gästehaus mit Restaurant, direkt am Hafen gelegen. Das historische Eckhaus mit runder Fassade bietet auch zwei Familienzimmer.

Hafnarstræti 7 • Tel. 4 56 16 00 • www.hotelsandafell.com • 8 Zimmer • 20. Mai–20. Sept. geöffnet • €€

Gistihús Við Fjörðinn

Gemütlich und lecker • Eine Businessfrau und ein Dichter und passionierter Koch führen das hell eingerichtete Nichtraucherhaus, das auch Apartments bietet. Gefrühstückt wird im Wintergarten mit Fjordblick.
Aðalstræti 26 • Tel. 4 56 81 72 • www.vidfjordinn.is • 8 Zimmer, 2 Apartments • ♿ • €€

SERVICE
AUKUNFT
Tourismusbüro

Hafnarstræti 6 • Tel. 4 56 83 04 • www.thingeyri.is

◎ Hrafnseyri ▸ S. 146, B 2

Ein beliebtes Ziel einheimischer Touristen ist der Pfarrhof Hrafnseyri, auf dem Jón Sigurðsson 1811 geboren wurde. Der Geburtstag des Anführers der isländischen Unabhängigkeitsbewegung am 17. Juni ist heute Islands Nationalfeiertag. Das angeschlossene Museum **Jón Sigurðsson Safn** verrät viel über den Mann und sein Land zur damaligen Zeit.
www.hrafnseyri.is • 17. Juni–31. Aug. tgl. 10–20 Uhr • Eintritt 500 ISK, Kinder frei
18 km südl. von Þingeyri

Ísafjörður ▸ S. 146, B 2
3000 Einwohner

Die »Metropole der Westfjorde« liegt am nördlichen bewohnten Ende der Fjordwelt und bildet das Wirtschafts- und Verwaltungszentrum der Region. Auf einer Landzunge im engen Skutulsfjörður stand im 9. Jh. der erste Hof, heute befindet sich hier die lebhafte und doch entspannte Altstadt. 1569 siedelten sich die ersten Kaufleute an und machten den Ort schon unter dem dänischen Handelsmonopol zum Zentrum der Westfjorde. Steile Hänge in drei Himmelsrichtungen – alle Zufahrtsstraßen führen durch Tunnel – machen Isafjörður im Winter zum beliebten Skizentrum. Im Sommer gibt es hier die wohl größte Auswahl an Freizeit– und Sportangeboten der Region. Von hier starten auch Schiffe nach Hornstranðir.

SEHENSWERTES
Ísafjarðarkirkja

Die Kirche ist, wie alle Kirchen Islands, auf jeden Fall einen Blick ins Innere wert. Etwas Besonderes ist das Bildnis aus Lehmvögeln an der Wand hinter dem Altar.

MUSEEN
Byggðasafn i Nedstikaupstaður (Seefahrts- und Heimatmuseum)

Das Museum am Hafen beherbergt einige der ältesten Häuser Islands und originale Boote. Hier wird die Zeit der Walfänger und die Salzfischära wieder lebendig, besonders lebhaft geht es viermal im Jahr zum Salzfischfest zu. Den Fisch am besten gleich im Museumsrestaurant Tjöruhúsið (▸ S. 112) probieren.
Neðstakaupstað 7 • www.nedsti.is • 15. Mai–15. Sept. tgl. 9–18 Uhr • Eintritt 550 ISK, Kinder frei

ÜBERNACHTEN
Hótel Isafjörður

Komfort mit Ausblick • Das Haus im modernen skandinavischen Stil liegt im Herzen Ísafjörðurs, mit gehobenem Restaurant und Konferenzräumen. Das Nichtraucherhaus blickt direkt auf den Fjord, ein eigenes

Die fast possierlichen Papageitaucher brüten im Sommer an vielen Küsten Islands. In Látrabjarg (▸ S. 107) lassen sie Menschen besonders nahe an sich heran.

Hochzeitszimmer lockt Frischvermählte.
Silfurtorg 2 • Tel. 4 56 41 11 • www.
hotelisafjordur.is • 36 Zimmer • ♿ •
€€€

Gamla Gistihúsið

Freundlich und hell • Das »alte Gasthaus« war einst ein Krankenhaus und liegt im Herzen Ísafjörðurs. Bäder für je wenige Zimmer liegen auf dem Gang.
Mánagata 5 • Tel. 4 56 41 46 • www.
gistihus.is • 9 Zimmer • ♿ • €€

GentleSpace Apartments ⚑

Mit Stil • Großzügig und schick eingerichtet sind die Selbstversorger-Apartments (mit Balkon), die ein Familienbetrieb in der Altstadt anbietet. Auch für Familien geeignet.
Mjallargata 1 und Fjarðarstræti 6 •
Tel. 8 92 92 82 • www.gentlespace.
is • 2 Apartments, z. T. auch im Winter geöffnet • €€

ESSEN UND TRINKEN
Við Pollinn

Gehoben • Das Restaurant im Hótel Ísafjörður bietet vor allem abends Spezialitäten wie Salzfisch und Papageitaucher. Neugierigen empfiehlt der Koch ein regionales Überraschungsmenü.
Silfurtorg 2 • Tel. 4 56 33 60 • www.
vidpollinn.is • Fr, Sa 11.30–21.30,
So–Do 11.30–21 Uhr • €€€

Tjöruhúsið

Historisch und lecker • In einem der ältesten Häuser im Heimatmuseum werden an urigen langen Holztischen vor allem Fischgerichte serviert, frisch aus dem Fjord. Auch delikat: der Salzfisch wie in alten Zeiten.

Nedstikaupstaður • Tel. 4 56 44 19 •
www.nedsti.is • 15. Mai–15. Sept. tgl.
11–22 Uhr • €€

Gamla bakaríið

Renommiert und delikat • Die »Alte Bäckerei« gilt als eine der besten Islands, entsprechend locken im dazugehörigen Café schmackhafte Kuchen und Gebäck satt. Probieren Sie sich auch durch die unterschiedlichen Brotsorten.
Aðalstræti 24 • Tel. 456 32 26 • Mo–
Fr 7–18, Sa 7–16 Uhr • €

EINKAUFEN
Gullauga

Preisgekrönt ist der Schmuck der Goldschmiedin Dýrfinna Torfadóttir aus Akranes, die in ihren Kreationen auch Leder, Lava und andere Naturmaterialien verarbeitet.
Hafnarstræti 4 • www.diditorfa.com

AM ABEND
Kaffi Langi Mangi

Mit Livemusik • Was tagsüber als Café mit künstlerischem Ambiente dient, wird abends zum angesagten Pub.
Aðalstræti 22 • www.langimangi.is •
Mo–Mi 11–23, Do 11–1, Fr 11–3, Sa 12–3, So 13–23 Uhr

SERVICE
AUSKUNFT
Touristeninformation Ísafjörður

Aðalstræti 7 • Tel. 4 56 51 11 • www.
vestfirdir.is • Sommer Mo–Fr 8.15–
18, Sa, So 11–14, Winter Mo–Fr 11–
14 Uhr

TOUREN
Sjóferðir

Der Schiffsbetrieb bietet regelmäßige Fähren in der Region, auch nach

Das kleine Freiluftmuseum in Bolungarvík (▶ S. 113) zeigt anschaulich das oft harte Leben isländischer Fischer und ihrer Familien in früheren Jahrhunderten.

Hornstranðir, sowie geführte Touren etwa nach Vigur oder Hesteyri.
Tel. 4 56 38 79 • www.sjoferdir.is

West Tours/Vesturferðir

Der größte Anbieter für Unternehmungen aller Art organisiert auch Touren und verleiht Boote, Fahrräder und andere Ausrüstung.
Aðalstræti 7 • Tel. 4 56 51 11 • www.westtours.is • Mo–Fr 9–16 Uhr

Ziele in der Umgebung

◎ **Bolungarvík** ▶ S. 146, B 2
900 Einwohner

Die nördlichste »Stadt« der Westfjorde liegt nur wenige Kilometer von Ìsafjörður entfernt am Ausgang des Ìsafjarðardjúp. Jahrhundertelang eine der größten Fischfangstationen Islands, ist sie erst seit 1950 auch auf dem Landweg zu erreichen. Zahlreiche Wanderwege in der Umgebung laden zu Erkundungstouren ein.

Beliebt ist die Aussicht vom Gipfel des Bolafjall.
12 km nördl. von Ísafjörður

MUSEEN

Náttúrugripasafn Bolungarvíkur (Naturkundemuseums)

Star ist ein ausgestopfter Eisbär, der einst wohl von Grönland über das Meer kam. Sehenswert sind auch die ausführlichen Sammlungen regionaler Vögel und Mineralien.
Vitastígur 3 • www.nabo.is • 4. Juni–13. Aug. Mo–Fr 9–12 und 13–17, Sa, So 13–17, 14. Aug.–3. Juni Mo–Fr 9–12 und 13–17 Uhr • Eintritt 700 ISK, 1000 ISK mit Naturkundemuseum, Kinder frei

Sjóminjasafnið í Ósvör (Freiluftmuseum)

Das Freiluftmuseum an der Straße nach Ísafjörður vermittelt in original erhaltenen Fischerkaten einen sehr lebendigen Eindruck vom rauen Leben der Fischer der vergangenen Jahrhunderte.

Ósvör, Vitastígur 3 • www.osvor.is • 4. Juni–13. Aug. tgl. 10–17 Uhr • Eintritt 700 ISK, 1000 ISK mit Naturkundemuseum, Kinder frei

◎ Hornstrandir ▸ S. 146, C 1/2

Der nördlichste, so gut wie unbewohnte Teil der Westfjorde lockt Besucher, die nach absoluter Einsamkeit suchen. Statt Menschen trifft man eher einen Polarfuchs auf seinen Wanderungen. Die Halbinsel ist nur per Schiff oder auf mehrtägigen Fußtouren über Land zu erreichen. Für Kurzbesuche beliebt sind die bis 500 m hohen Vogelklippen in der Bucht Hornvík und das Geisterdorf Hesteyri. In den Sommermonaten fahren Boote nach Hornstrandir.

◎ Reykjanes ▸ S. 146, C 2

Die kleine Halbinsel, nicht zu verwechseln mit der gleichnamigen großen (»rauchende Landspitze«) bei Reykjavík, liegt auf dem Weg von Ísafjörður nach Hólmavik, im Ísafjarðardjúp. Die landschaftlich einmalig schöne Strecke wäre allein schon Grund genug für diesen Ausflug. Malerische Fjorde wechseln sich immer wieder ab mit spektakulären Ausblicken über den Ísafjarðardjúp hinüber nach Snæfjallaströnd. Am Ufer sind Kegelrobben zu sehen. Reykjanes selbst ist Geothermalgebiet. Das kleine Touristenresort dort besitzt einen Swimmingpool mit der wohl einzigartigsten Aussicht ganz Islands. Auf einer Rundwanderung auf der Halbinsel trifft man hier und da auf weitere heiße Quellen, teilweise direkt am Strand.

WUSSTEN SIE, DASS …

… der Polarfuchs das einzige Landsäugetier ist, das schon Jahrtausende vor menschlicher Besiedlung auf Island lebte? Alle anderen – Pferde, Schafe, Rentiere und zwei Mäusearten – sind importiert.

◎ Súðavík ▸ S. 146, B 2

Im Polarfuchszentrum (»Melrakkasetur«) dreht sich im Ausstellungsturm alles um den Polarfuchs. Auch geführte Touren nach Hornstrandir werden organisiert, ein Café lädt zum Verweilen ein.

Eyrardalsbæ • www.melrakki.is • Sommer tgl. 10–22 • Eintritt 800 ISK 20 km südöstl. von Ísafjörður

Strandir ▸ S. 147, D 2

Die Region an der Ostküste der Westfjorde ist der letzte Abschnitt vor Hornstrandir (▸ S. 114), der noch per Auto erreichbar ist. Das raue und ungeschützte »Rückgrat der Westfjorde« reicht vom Bjarnafjörður im Süden bis zum Íngólfsfjörður im Norden. Die Straße führt allerdings auch über eine schroffe Hochebene, sodass sie bei Schnee schnell geschlossen wird. Entlang des gesamten Küstenabschnittes trifft man immer wieder auf größere Mengen Treibholz aus Sibiriens Wäldern, das jahrelang in der Grönlandsee treibt, bevor es hier ausgebleicht angeschwemmt wird. An vielen Stellen lassen sich auch Seehunde und Kegelrobben beobachten.

Hólmavík ▸ S. 147, D 3

375 Einwohner

Der größte Ort und Zentrum der Region Strandir ist ein günstiger

Ausgangspunkt für Touren in den einfach zugänglichen Norden. Hólmavík selbst entstand erst vor rund 120 Jahren als Handelsposten, heute lebt der Ort vor allem von der Fischerei. Auch die umliegenden Berge sind für leichte Wandertouren beliebt, etwa auf den Hausberg Kálfanesborgir.

MUSEEN

Galdrasafnið (Museum für Hexerei und Magie)

Auch in Island gab es im 17. Jh. in der Region Strandir Hexenverbrennungen. Das Museum, komplett mit Raben und lebensgroßen Puppen, zeigt spannende Exponate, etwa die »Totenhosen« aus echter Haut gegen Armut. Dazu gehört auch das grasbewachsene »Haus des Hexers«, es steht an der Straße nach Norden nahe dem Hótel Laugarhóll am Bjárnafjörður.

Höfðagata 8–10 • www.galdrasyning. is • 1. Juni–15. Sept. tgl. 9–18 Uhr • Eintritt 800 ISK, Kinder frei

Sauðfjársetur á Ströndum (Schafausstellung) 👫

Welche Rolle die Schafe in Islands Geschichte und besonders in Strandir spielten, erzählt unterhaltsam die »Schafausstellung«. Kinder können Lämmern die Flasche geben und im Traktoranhänger fahren. Dazu gehören ein Andenkenladen mit passenden Souvenirs und ein kleines Café mit hausgemachtem Kuchen. Sævangur • www.strandir.is/saudfjar setur • Juni–Aug. tgl. 10–18 Uhr • Eintritt 600 ISK, Kinder frei
12 km südl. von Hólmavík

ÜBERNACHTEN

Hotel Laugarholl

Herzlich mit Pool • Das familiäre Gästehaus liegt auf halbem Weg

Messerscharf wirkt die Klippenkante Kálfatindar. Nur wenige Besucher kommen hier vorbei, im entlegenen Nordwestzipfel Islands, auf der Halbinsel Hornstrandir (▶ S. 114).

Ein junger Polarfuchs im dunklen Sommerfell tummelt sich zwischen Frühlingsblüten. Sein weißes Winterfell hingegen macht ihn im Schnee fast unsichtbar.

nach Djúpavík am Bjarnafjörður. Gut ausgestattete Räume und ein großes Schwimmbecken mit Blick über das Tal. Bei Bedarf kocht das Betreiberpaar auch ein leckeres Abendessen.
Bjarnarfirðir • Tel. 4 51 33 80 • www.strandir.is/laugarholl • 11 Zimmer • €€
25 km nördl. von Hólmavík

Gästehaus Borgarbraut

Schlicht und freundlich • Günstige, dennoch empfehlenswerte Unterkunft mit einfachen Räumen und voll ausgestatteter Küche.
Borgarbraut 4 • Tel. 4 51 31 36 • E-Mail: borgabraut@simnet.is • 8 Zimmer • €

ESSEN UND TRINKEN
Café Riis

Kulturelles Zentrum • Das charmante Restaurant befindet sich im ältesten Haus des Orts von 1897 und dient auch als Kulturzentrum und abends als Bar. Jedes Wochenende gibt es Livemusik und im Sommer wöchentliche Theatervorstellungen. Die Speisekarte offeriert Pizza, leckeren Fisch, Papageitaucher. Probieren Sie auch den hausgemachten Blaubeer-Käsekuchen!
Hafnarsbraut 39 • Tel. 4 51 35 67 • www.caferiis.is • Juni–Aug, So–Do 11.30–23, Sa, So 11.30–3 Uhr • €€

SERVICE
AUSKUNFT
Touristeninformation

Im Gemeindehaus • Tel. 4 51 31 11 • www.holmavik.is • 10. Juni–31. Aug. tgl. 8–17 Uhr

Djúpavík ▸ S. 147, D 2
3 Einwohner

Nur im Sommer über Land erreichbar ist das einst verlassene

Heringsdorf, von dessen emsiger Vergangenheit die verwitterten Reste einer Fischfabrik, die 1954 stillgelegt wurde, künden. Seit 1986 ist das ehemalige Arbeiterinnenwohnheim zum Hotel umgebaut und in der Fabrik eine Ausstellung eingerichtet. Mit Musik und Kunst im Sommer inzwischen ein Kult für Gäste, die hier ansonsten die einsame Natur lieben.
70 km nördl. von Hólmavík

ÜBERNACHTEN

Hotel Djúpavík

Einzigartig • Rustikal und gemütlich eingerichtet mit Artefakten der großen Heringszeit. Die Zimmer haben nur Waschbecken, das Bad ist auf dem Gang. Dafür entschädigen Kaffee, Tee und Kekse, die ganztags bereitliegen. Früh und abends speist man unter urigen Deckenbalken. Die Hotelbesitzer machen auch Touren durch Fabrik und Region und verleihen Boote.
Djúpavík • Tel. 4 51 40 37 • www. djupavik.com • 8 Zimmer und Sommerhütte • €

Drangsnes   ▶ S. 147, D 3
70 Einwohner

Der kleine Fischerort liegt an der Mündung des Steingrímsfjörður. Im kleinen Café Malarhorn genießt man von einer großen Terrasse einen fantastischen Blick auf den Steingrímsfjörður. Er ist Ausgangspunkt für mehrere Wanderwege, etwa auf den Gipfel des **Bæjarfell**, und für Segeltouren rund um die vorgelagerte Insel **Grímsey**, die im Sommer voller Papageitaucher ist. Am Dorfrand liegen heiße Badequellen, und der Kieselstrand Malarhorn lädt zum Spazieren ein. Die Felssäule am Strand gilt als versteinertes Trollweib, das

einst versuchte, die Westfjorde vom Rest des Landes abzugraben.
30 km nördl. von Hólmavík

ÜBERNACHTEN

Gästehaus Malarhorn

Mit Café und Boot • Im Motelstil liegt ein neues Holzhaus direkt am Strand, ein zweites mit vier Doppelzimmern, Küche und Wohnzimmer blickt vom Hang herab. Dazu gehört ein Café-Restaurant mit isländischen Spezialitäten und das Segelboot »Sundhani«, das auch nach Grímsey schippert.
Grundargata • Tel. 4 51 32 37 • www. malarhorn.is • €€

Gjögur und Krossnes
▶ S. 147, D 2

Ebenfalls eines der großen Fischereizentren vor einem halben Jahrhundert und weiter nördlich an der Mündung des Reykjarfjörður gelegen. Im Gegensatz zu Djúpavík wurde Gjögur nie ganz verlassen. Legendär waren die Männer, die, den rauen Elementen zum Trotz, von hier aus in offenen Booten zum Haifang hinausfuhren. Nördlich des Leuchtturms liegt ein kleines Geothermalgebiet. Hinter der Landzunge Krossnes endet die befahrbare Piste. Das kleine dampfende Schwimmbad direkt am Strand lädt zur Entspannung ein, bevor es an den Rückweg geht.
85–110 km nördl. von Hólmavík

WUSSTEN SIE, DASS …

… Island eine Schachspielernation ist? Die nördlichste Insel Grímsey soll von Schach spielenden Wikingern besiedelt worden sein und galt lange als Hochburg des Brettspiels.

Abwechslungsreiche und bunte Landschaften wie im Hochland von Landmannalaugar (▶ S. 65) bieten sich in
vielen Regionen Islands.

Touren und
Ausflüge

Entdecken Sie das Zauberland Island mit seinen gewaltigen Naturkräften und tauchen Sie ein in die Welt
der Wikinger, Wasserfälle und wilden Klippenküsten.

Reykjavík zu Fuß ✪ – Freundliche Hauptstadt in »Rauchender Bucht«

CHARAKTERISTIK: Auf den Spuren von Siedlern, Demokraten und Künstlern geht es vom Hafen rund um Reykjavíks charmanten Altstadtkern und den Stadtteich, um schließlich von der Hallgrimskirkja den großen Überblick zu genießen **DAUER:** 2–5 Stunden **LÄNGE:** 5 km (3 km ohne Teichumrundung) **EINKEHRTIPP:** Café Paris, Austurstræti 14, Tel. 5 51 10 20, www.cafeparis.is, So–Do 9–1, Fr–Sa 9–2 Uhr €€
KARTE: ▶ Klappe hinten, a 1–d 3

Ausgangspunkt dieses Rundgangs ist der **Alte Hafen**, wo die Straße Ægisgata in einem langen Pier endet.

Alter Hafen ▶ Alþingi
Übers Wasser nach Osten glänzt die Glasfassade des neuen Opern- und Konzerthauses **Harpa** (▶ MERIAN-Tipp, S. 38). Bummeln Sie am Hafenbecken zwischen den Lädchen und Restaurants in den weißen Buden. Folgen Sie dann der Geirsgata nach links, bevor rund 70 m weiter schräg rechts die Tryggvagata abbiegt. Auf Nr. 17 liegt der jüngste Teil des Kunstmuseums, das **Listasafn Hafnarhus**, direkt dahinter die Flohmarkthalle **Kolaportið**, in die am Wochenende ein Abstecher lohnt. An der Ecke Posthússtræti steht der mittlerweile legendäre Hot-dog-Stand **Bæjarins Beztu Pylsur**.
Weiter auf der Posthússtræti biegen Sie rechts in die **Hafnarstræti** ab, vor einer Landaufschüttung einst die echte Hafenstraße. Sie führt direkt auf den kleinen, immer belebten Platz **Ingólfstorg** und die große Touristeninformation zu. Dann, nach links auf der **Aðalstræti**, finden Sie ein Stück weiter zur Linken das Standbild des Landvogts **Skúli Magnússon** und zur Rechten die steinernen Reste einer ersten Siedlung. Biegen Sie nun rechts in die Kirkjustræti ein, die bald auf den baumbestandenen **Austurvöllur** führt, den Ostplatz. Dort sitzen und plaudern die Einheimischen gerne, rund um die Statue des Freiheitsführers **Jón Sigurðsson**. Er blickt direkt auf das schwarze, schlichte Parlamentsgebäude, das **Alþingi**, seit 1881 das Zentrum von Islands Demokratie. Links daneben steht Reykjavíks ältestes Gotteshaus, die 1796 eingeweihte **Domkirkjan**.

Tjörnin ▶ Hallgrimskirkja
Gehen Sie zwischen Parlament und Kirche hindurch bis zum Tjörnin, dem schwan- und entenreichen Stadtteich. Am Ufer rechts steht das **Ráðhús**, mit einem enormen dreidimensionalen Modell von Island im Untergeschoss. Der Weg am rechten Teichufer entlang führt direkt auf das Isländische Nationalmuseum **Þjóðminjasafn** sowie auf die Universitätsgebäude der **Háskóli Íslands** links davon zu.
Der Rückweg am Ostufer des Sees führt an der **Nationalgalerie** vorbei, hinter der Sie rechts abbiegen. Rund 700 m geht es die Skálholtsstigur sowie die Freyugata leicht bergauf und schließlich nach links auf die Njarðargata: zur imposanten **Hallgrímskirkja**. Von ihrem Turm aus liegt Ihnen die ganze Stadt zu Füßen.

Der »Golden Circle« – Demokratie und spektakuläres Wasser inklusive

CHARAKTERISTIK: Ein Rundkurs mit dem Auto auf der Spur von Islands wichtigsten Wahrzeichen aus Natur und Geschichte **DAUER:** Tagesausflug **LÄGE:** 230–260 km **EINKEHRTIPP:** Fjöruborðið (▸ S. 48), Eyrarbraut 3a, Stokkseyri, Tel. 4 83 15 50, www.fjorubordid.is, €€

KARTE: ▸ S. 150, C 10

Von Reykjavík aus führt Sie die Ringstraße – der Hringvegur Nr. 1 – nach Norden, vorbei an **Mosfellsbær**, wo der Dichter Halldór Laxness aufwuchs und auch später lebte. Sein Wohnhaus **Gljúfrasteinn** ist heute ein Museum und Literaturzentrum.

Þingvellir-Nationalpark ▸ Laugarvatn
Nach 11 km auf der Ringstraße biegen Sie nach rechts auf den Þingvallavegur, die sogenannte 36 ab: Sie verläuft über eine weite Ebene an kleinen Seen vorbei direkt nach Osten zum **Þingvellir-Nationalpark 2**. Die letzten der 29 km fahren Sie parallel zum Ufer des großen Sees Þingvallavatn, der genau auf der Nahtstelle zwischen amerikanischer und eurasischer Kontinentalplatte liegt, auf der **Silfra-Spalte**. Ein Abzweig nach rechts führt zum Rand der **Almannagjá**, der Allmänner-Schlucht, in der ab 930 jährlich die Volksversammlung tagte. Über das Alþingi und die Tektonik der Gegend berichtet auch das Multimedia-Informationszentrum.

Die schroff abfallende Felskante bietet einen guten Ausblick über das breite Tal mit Thingfeld, im Hintergrund liegt der Schildvulkan **Skjaldbreiður**. Ein Wanderweg entlang der Kante führt ins Tal und nach rund 1 km zum **Öxarárfoss**, jenem Wasserfall, in dem einst zum Tode Verurteilte ertränkt wurden. Zurück vom Abzweig fahren Sie nach rechts weitere 4 km auf der 36, wo links ein zweites Informationszentrum mit kleinem Café liegt und scharf nach rechts der Vallavegur abbiegt, der Sie – über eine Heidelandschaft wieder 4 km nach Süden – zum **Rundweg** über Brücken und entlang der Kirche unten im Tal führt.

Danach geht es weiter auf der 36, die jetzt im Bogen nach Süden um den See führt, bevor Sie nach 9 km links auf den Gjábakkavegur (365) abbiegen, der nach 17 km den kleinen Ort **Laugarvatn** und den gleichnamigen See erreicht, den »See der heißen Quellen«. Diese speisen auch das frisch umgebaute Thermalbad »Fontana«, das eine Badepause wert ist (www.fontana.is, Sommer tgl. 11–22, Winter tgl. 14–21 Uhr, Eintritt 2100 ISK, Kinder 1050 ISK).

Haukadalur ▸ Selfoss
Ab hier führt die Schotterpiste 37 weiter nach Osten, bis nach 24 km auf der Stichstraße 35 das Geothermiegebiet **Haukadalur 3** mit seinen berühmten Geysiren vor Ihnen auftaucht. Der **Große Geysir**, der allen anderen heißen Springquellen seinen Namen verlieh, wird leider seit rund 100 Jahren nur noch sehr selten aktiv. Rund alle 3–5 Min. hingegen spuckt der **Strokkur** – das »Butterfass« – sein heißes Wasser

15 m in die Höhe. Hier warten die meisten Touristen mit gezückten Kameras. Reizvoll sind aber auch andere Quellen und dampfende Rinnsale auf dem Thermalfeld. Wichtigen Besuchern führen Isländer gerne vor, wie sich im Wasser Eier kochen oder im warmen Boden Brote backen lassen. Das dunkle, etwas süßliche Brot kann man auch im nahen Restaurant probieren (Hótel Geysir, Tel. 4 80 68 00, www.geysircenter.is).

Frisch gestärkt, geht es nun weiter auf der 35 nach Nordosten zum **Gullfoss** 🔴3, dem goldenen Wasserfall, der in zwei breiten Kaskaden rund 30 m hinabstürzt, und das so malerisch, dass der Gulfoss zu den schönsten Fällen des Landes zählt. Zurück an den Geysiren vorbei führt die Straße 35 dann nach Südosten und erreicht nach 35 km die 31, die nach links 6 km bis **Skálholt** geht, dem ersten Bischofssitz und kulturellen Zentrum des Landes. Daran vorbei geht es weiter auf der 35, die nach 34 km auf die südliche Ringstraße stößt und 2 km östlich davon das regionale Zentrum **Selfoss** erreicht, einen Verkehrsknotenpunkt mit interessantem Heimatmuseum.

Von hier führt die Ringstraße 50 km lang direkt nach Reykjavík zurück. Wer etwas mehr Zeit zur Verfügung hat, gönnt sich noch einen 15-km-Abstecher nach **Stokkseyri** an der Südküste. Die Straßen 34 und 33 führen in diesen kleinen Fischerort, in dem sich der Abend im urigen Restaurant Fjöruborðið mit köstlichen Hummerkrabben abschließen lässt.

Rund um den Mývatn 🔴10 – Wo die Natur blubbert und zwitschert

CHARAKTERISTIK: Eine Entdeckungsreise mit dem Auto durch eine Region, die seit Jahrtausenden vom Vulkanismus in unterschiedlichsten Formen geprägt ist und ein besonderes Ökosystem beherbergt **DAUER:** 1–2 Tage **LÄNGE:** 45 km **EINKEHRTIPP:** Kaffi Borgir (▶ S. 83), am Eingang des Dimmuborgir-Gebiets, Tel. 4 64 11 44, www.kaffiborgir.is €
KARTE: ▶ S. 148, C 7

Die Rundfahrt beginnt im Ort **Reykjahlíð**, dessen Höfe 1729 durch gewaltige Ausbrüche des nahen Vulkans **Leirhnjúkur** vorübergehend vernichtet wurden. Schon 1500 Jahre zuvor hatten Lavaströme den **Mývatn**, den »Mückensee«, in seine heutige Form gebracht – er wurde zum Auffangbecken für heißes Grundwasser und kühle Quellflüsse. Die Strecke führt gegen den Uhrzeigersinn um ihn herum.

Eldhraun ▶ Sandvatn
Auf der Straße 87 geht es nordwestlich durch das **Eldhraun-Gebiet**, die »Feuerlava«, die karg und rau wie eine Mondoberfläche wirkt. Tatsächlich trainierten hier in den 1960er-Jahren NASA-Astronauten. Nach knapp 4 km biegen Sie links auf den Mývatnsvegur (848) ab und folgen dem Seeufer, während die Landschaft grüner und sumpfiger wird. Das Gebiet ist als Natur-

Blubbernd, dampfend und schwefelbunt zeigt sich die Erde im Solfatarenfeld Námas-karð (▸ S. 124). Die Region rund um den Mývatn ist vulkanisch noch sehr aktiv.

schutzgebiet ausgewiesen, das Ufer darf hier während der Brutzeit vom 15. Mai bis 17. Juli nicht betreten werden. Sie machen stattdessen nach 3 km einen Abstecher nach links auf die Halbinsel **Ytri-Neslönd** und besuchen das kleine Vogelmuseum **Fuglasafn** (www.fuglasafn. is, Mai–Juni, Aug. 11–19, Juni–Juli 10–19 Uhr, Eintritt 800 ISK, Kinder 400 ISK). Es überschaut den See und erinnert an den jung verstorbenen Sammler Sigurgeir, dessen ausgestopfte Vögel eine gelungene Mischung mit bunter Information bilden. Die Terrasse bietet zwitschernde Kulisse für eine entspannte Kaffeepause.

Zurück auf der 848 erhebt sich zur Rechten der Tuffvulkan **Vindbelgjarfjell**, der sich zu Fuß von der Straße aus – parken Sie nach 5 km – in knapp 1 Std. bequem erklimmen lässt. Für die Anstrengung belohnt ein weiter Blick über den Mývatn und die sehr verschiedenen geologischen Formationen im Umfeld. Auf der Rückseite des Vulkans liegt der kleine See Sandvatn, über dem Raubvögel gut zu beobachten sind.

Skútustaðir ▶ Hverfjall

Auf der weiteren Fahrt treffen Sie nach 4,5 km auf die Ringstraße Nr. 1, der Sie nach links in Richtung Osten folgen. Nach weiteren 5 km folgt die Siedlung **Skútustaðir**, von der aus sich die Halbinsel der Pseudokrater in den See hinein erstreckt. Dünnflüssige Lava warf hier über dem Moor Blasen und erzeugte kleine und große Schlackenkegel, die wie Krater wirken und heute grün überwachsen sind. Markierte Wege laden zum Spaziergang.

Die Straße folgt dem Seeufer nach Norden, nach weiteren 6,5 km biegt links ein Weg auf die Halbinsel **Kálfaströnd** ab, dem wohl idyllischsten Platz am See: Birken, Kiefern und Farne bilden ein lichtes Wäldchen – das Naturreservat **Höfði**. Über den See nach Süden steigt der ferne Berg **Bláfjall** auf, nach Nordwesten fällt der Blick auf Säulen aus bizarr verkrusteter Lava, die **Kálfastrandarstrípar**, die aus dem flachen klaren Wasser ragen.

Zurück auf der Straße ist nach nur 3,5 km schon die nächste interessante Abzweigung erreicht: Hier geht es zu den **Dimmuborgir**, den dunklen Burgen, in denen Trolle wohnen sollen. Die kurvenreiche Zufahrt führt zum Informationszentrum samt Café, das Gelegenheit zu einer Pause bietet. Rau geformte Lavablöcke zwischen krummen Bäumen bilden hier eine verwunschene Landschaft, die sich auf Rundwegen durchwandern lässt. Am Nordende führt ein markierter Pfad zu dem grau und hoch aufragenden Explosionskrater **Hverfjall**. Er lässt sich aber auch über einen eigenen Abzweig 1,5 km weiter auf der Straße anfahren. Die Südseite des Kraters hat einen recht steilen Aufstieg; wer es einfacher mag, sollte die Nordseite anfahren.

Reykjahlíð ▶ Námaskarð

Nach dem Abzweig erreicht die Ringstraße nach 3,5 km wieder **Reykjahlíð** und knickt dann rechts nach Osten ab. Folgen Sie ihr durch den Ort, bis Sie nach weiteren 3 km auf dichte weiße Dampfschwaden vor einem dunklen Berg stoßen. Hier geht es rechts zum **Jarðböðin** 🔺, dem Badesee, der seit seinem Ausbau samt Café und Veranda als »Blaue Lagune des Nordens« gilt. Anders als im Süden dampft hier Süßwasser.

Wieder ganz andere vulkanische Aktivität in der Nähe lockt weitere 12 km östlich. Folgen Sie der Straße über den Pass am Berg **Námafjall** hinüber – ein kleiner Abstecher auf seinen Gipfel bietet neue faszinierende Ausblicke – und Sie stoßen direkt rechter Hand auf das brodelnde, dampfende Solfatarenfeld **Námaskarð**. Von Schwefelgelb bis Schlammgrau reicht das Farbspektrum, bleiben Sie unbedingt auf den eingezäunten Wegen, denn der Boden ist brüchig. Auf der anderen Straßenseite zweigt übrigens eine Holperpiste zur **Krafla** ab, einem der weltweit aktivsten Vulkangebiete, woraus auch ein Geothermalkraftwerk seine Energie bezieht. Wanderwege führen durch das Gebiet bis hin zum **Leirhnjúkur**, der seine Lava immer wieder in Richtung Mývatn schickte.

WUSSTEN SIE, DASS …

… rund 83 % des Energiebedarfs Islands aus Geothermie und Wasserkraft gedeckt werden? In Island eröffnete auch die weltweit erste öffentliche Wasserstofftankstelle.

Zu den Westfjorden – Das »entlegene Ende Islands«

CHARAKTERISTIK: Imposante, dünn besiedelte Natur mit skurrilen Highlights
ANFAHRT: mit Inlandsflug, alternativ 190 km ab Reykjavík, 90 km ab Ringstraße **DAUER:** 4–8 Tage, je nach Abstecher **LÄNGE:** 950 km (ohne Abstecher 500 km) **EINKEHRTIPPS:** Restaurant Tjöruhúsið (▶ S. 112), Isafjörður, Tel. 4 56 32 93, www.nedsti.is, Mai–Sept. 9–18 Uhr €€ • Restaurant Flókalundur, Tel. 4 56 2011, www.flokalundur.is, tgl. 8–23.30 Uhr € **AUSKUNFT:** Touristeninformation Isafjörður, Aðalstraeti 7, Tel. 4 50 80 60, www.isafjordur.is, Mo–Fr 8–19, Juni–Aug. auch Sa–So 10–15 Uhr
KARTE: ▶ S. 146, B 2

Für diese Rundtour tauchen Sie per Flieger nach **Isafjörður** direkt in die Fjordlandschaft ein. (Wer den Flug scheut, fährt auf der Straße 60 an und beginnt den Kreis im Süden bei Króksfjarðarnes). Lassen Sie sich zum Start in der westlichsten Stadt Europas durch die Straßen treiben.

Isafjörður ▶ Staður

Elegante Fassaden verraten die »Fischereimetropole« zu Zeiten der Hanse. Am Park und der Fischfabrik am Hafen vorbei geht es zum sehenswerten Seefahrtsmuseum Neðstakaupstað. Probieren Sie Leckeres aus dem Meer gleich im Museumsrestaurant Tjöruhús oder pausieren Sie in den Altstadt-Cafés. Bei gutem Wetter bietet sich ein Bootsausflug zum Inselchen **Vigur** mitten im Fjord an – zu Islands ältester Windmühle, einer freundlichen Bauernfamilie, Seehunden und Tausenden von Enten, Seeschwalben und Papageitauchern. Alternativ geht es von Isafjörður auf einen Abstecher Richtung Nordwesten: mit dem Auto 15 km auf der 61 in das Fischerdorf **Bolungarvík**. Hier macht das Freilichtmuseum Osvör mit original erhaltener Kate das Fischerleben seit der Landnahmezeit lebendig.

Nach dem Tag rund um Isafjörður beginnt die Rundtour über die Westfjorde im Uhrzeigersinn, auf der 61 diesmal 210 km nach Osten. Nach Holmavík folgt die Straße allen »Fjordfingern«, den schmalen Halbinseln. Spektakuläre Klippenaussichten entschädigen dafür. Rund um den Berg **Hestur** lässt es sich besonders gut wandern, vor der Küste tummeln sich Kegelrobben. Das letzte Drittel der Strecke fahren Sie dann quer über die Hochebene **Steingrimsfjarðarheiði**, zwischen kleinen Seen und Wasserfällen entlang. Entzückend ist die kleine Holzkirche von **Staður**, 14 km vor dem Ziel.

Holmavík ▶ Krossnes

Holmavík dient vielen nur als Verpflegungsstopp für Touren in den einsamen Norden. Doch lohnt sich hier auch ein Besuch des Hexereimuseums. Die malerische Nordostküste ist tatsächlich mindestens einen Tagesausflug wert. Dafür fahren Sie auf der 61 ein Stück zurück bis Staður und biegen nach rechts auf die ungeteerte 643 ab. Nach 7 km verzweigt sich diese zur 645 und erreicht nach 16 km Küste das Örtchen **Drangsnes**, bekannt für seine Wanderwege und heißen Badestellen. Weiter nach Norden an den Fjorden entlang gelangen Sie wieder auf die Straße 643. An der Küste liegt ungewöhnlich viel Treibholz, es kommt den weiten Weg aus Sibiriens Wäldern und treibt durchs Grönlandmeer. Seehunde und Kegelrobben beleben das Bild. Das Gelände wird rauer, und die Straße ist bei Schnee geschlossen. Im Sommer aber führt sie nach 62 km Abwechslung zum Heringsdorf **Djúpavik** am Fuß einer Steilwand. Die malerisch verwitterten Überreste der mächtigen Fischfabrik beherbergen seit 1986 auch ein schlichtes, aber gemütliches Hotel (Tel. 4 51 40 37, www.djupavik.com, €). Knapp anderthalb Stunden und zahlreiche Kurven weiter, vorbei an zwei Kirchlein, der nördlichsten Tankstelle und dem dampfend blauen Pool von **Krossnes** endet die Piste im Nichts. Einsamer als hier bekommt es nur, wer zu Fuß mehrere Tage zum nördlichen Ende **Hornstrandir** wandert – oder sich mit einem Boot ab Djúpavik oder Isafjörður dort absetzen lässt.

Tröllatunga ▸ Látrabjarg

Zurück aus dem Norden in Holmavík geht die Rundtour weiter: Nach 7 km die Küste entlang auf der 61 biegen Sie rechts ab, um 26 km lang über die raue, seenreiche Ebene **Tröllatunga** an die Südwestküste zu kommen. Dort treffen Sie nahe **Króksfjarðarnes** auf die Küstenstraße 60 und die Touristen, die von Süden aus die Westfjorde anfahren. Jetzt führt der Weg wieder sehr kurvenreich nach Nordwesten, eine ideale Strecke für die Zeit des Sonnenuntergangs. Nach rund 35 km lädt der dampfende Wasserfall von **Djúpadalur** samt Pool zu einer

Pause ein, 105 km weiter erreicht die Straße **Flókalundur**, ein winziger Ort, aber mit Hotel und Regionalküche. Rund um den nahen See **Vatnsdalvatn** liegt ein Naturschutzpark für bunte Kragenenten und Loons.

Zum berühmten Felsen **Látrabjarg** sind es von hier immer noch 200 km. Sie fahren auf der 62 zunächst 30 km an der Südküste entlang – hier sind die Strände sandig statt felsig – und noch einmal 14 km über Land zum nächsten Fjord, dem **Osafjörður**. An dessen Südufer führt die 612 entlang. Nach 8 km biegen Sie links auf die kurvige Piste der 614 nach Rauðisandur ab, ein Abstecher von etwa 10 km. Dieser einzigartig durch Muschelschalen rot gefärbte Sandstrand in einer zwischen steil aufragenden Felsen gelegenen Bucht (mit kleiner Holzkirche) lädt zur Pause und langen Spaziergängen ein. Haben Sie sich satt gesehen, fahren Sie zurück und auf der 612 nach links. Noch 34 km lang führt die Piste vorbei an Klippen, einigen malerischen Wracks und feinsandigen Stränden – zum westlichsten Punkt Europas, dem Leuchtturm **Bjargtangar** an den Steilklippen Látrabjarg.

Látrabjarg ▸ Isafjörður

Die 12 km lange Felsküste wuselt von Juni bis August vor brütenden Seevögeln aller Art. Auch die scheuen Papageitaucher lassen Menschen hier auf wenige Meter herankommen. In der Ferne ist die Küste Grönlands zu erahnen.

Der Rückweg von Látrabjarg zur 62 ist 41 km lang, dann geht es am anderen Fjordufer noch 14 km weiter zum unspektakulären Ort **Patreksfjörður**, der aber als regionales Zentrum die wichtigsten Dienstleistungen bietet. Viele zieht

Einer der schönsten Wasserfälle ist der Dynjandifoss (▶ S. 127) in den Westfjorden – er stürzt 100 m tief in breiten Kaskaden den Felsen hinab.

es gleich weiter Richtung Norden, auf der 63 nur 18 km nach **Tálknafjörður** als Startpunkt für beste Wanderungen ebenso wie in den kleinen Fischerort **Bíldudalur**, weitere 20 km entfernt und mit einem interessanten Musikmuseum. Von hier lohnt ein Abstecher (25 km) auf der schmalen 619 durch beinahe liebliche Landschaft nach **Selárdalur**, wo der Künstler Samúel Jónsson einst einen wahren Skulpturenpark aus skurrilen Betonfiguren geschaffen hat.

Ab Bíldudalur geht die Fahrt die zerklüftete Westküste entlang nach Norden, wo die 62 nach 35 km zur 60 wird und 25 km weiter zum **Dynjandifoss** führt: In mehreren Kaskaden stürzt das Wasser 100 m in die Tiefe, teils kann man dahinter laufen. Ihre weitere Strecke führt durch Moor- und Vulkanlandschaft 17 km nach

Hrafnseyri – dort ist dem führenden Kopf der Unabhängigkeitsbewegung Jón Sígurdsson ein kleines Museum gewidmet – und weitere 18 km später nach **Þingerey**, dem ältesten Handelsort der Gegend, der bis in die Sagazeit zurückreichen soll.

Von hier aus sind es nur noch 45 km bis ins Dorf **Isafjörður**, weiterhin auf der 60. Rund 4 km davon führen durch einen Tunnel unter der Hochebene **Breiðalsheiði** – die alte Serpentinenstraße darüber, eine der höchsten Islands, hat im Sommer ihren besonderen Reiz. Kurz vor dem Tunnel lockt noch ein Abstecher (5 km) nach **Flateyri** mit den Resten seiner Walfangstation und einem Puppenmuseum. Und mitten im Tunnel schließlich geht es 14 km nach **Suðureyri**, einem Fischerort, ideal für zwei Aktivitäten: Wandern und Angeln.

Tanzende Polarlichter über der Ebene
von Þingvellir (▶ S. 121) erleuchten seit
Jahrhunderten den Parlamentsplatz samt
historischen Gebäuden.

Wissenswertes
über Island

Nützliche Informationen für einen gelungenen
Aufenthalt: Fakten über Land, Leute und Geschichte
sowie Reisepraktisches von A bis Z.

Auf einen Blick

Mehr erfahren über Island – Informationen über Land und Leute, von Bevölkerung über Politik und Sprache bis Wirtschaft.

AMTSSPRACHE: Isländisch
BEVÖLKERUNG: 93 % Isländer, 3 % Polen, je ca. 0,3 % Litauer, Deutsche, Dänen und Portugiesen
EINWOHNER: 318 200
FLÄCHE: 103 125 qkm
HAUPTSTADT: Reykjavík, 118 900 Einwohner
HÖCHSTER BERG: Hvannadalshnúkur, 2110 m
INTERNET: www.iceland.de
NATIONALFEIERTAG: 17. Juni
RELIGION: 78 % evangelisch, 6 % frei-christlich, 3 % katholisch
STAATSFORM: Parlamentarische Republik
STAATSOBERHAUPT: Präsident Ólafur Ragnar Grímsson
VERWALTUNG: 8 Regionen

WÄHRUNG: Isländische Krone (ISK) = 100 Aurar

Bevölkerung

Island ist mit drei Einwohnern pro Quadratkilometer sehr dünn besiedelt, das Hochland im Landesinneren so gut wie unbewohnt. Auch der Nordwesten und Osten kommen nur auf je 0,5 Einwohner/qkm. Stattdessen leben zwei Drittel der Isländer in und um Reykjavík, dort erreicht die Bevölkerungsdichte 192 Einwohner/qkm. Die Landflucht hat seit den 1980er-Jahren in jüngster Zeit nachgelassen, ein Leben fern der Städte wird – dank Telekommunikation und Tourismus – wieder attraktiver.

◄ Die Zucht von Islandpferden war einst ein wichtiger Wirtschaftsfaktor Islands.

Lage und Geografie

Die weltgrößte Vulkaninsel und zweitgrößte Insel Europas liegt im Nordatlantik südlich von Grönland. Die Position knapp unter dem Polarkreis und genau zwischen den Kontinentalplatten Nordamerikas und Eurasiens sorgt einerseits für ausgedehnte Gletscher, andererseits für rund 30 aktive Vulkansysteme. Noch heute prägen Eruptionen und versteinerte Lavaströme die Landschaft.

Politik und Verwaltung

Reykjavík ist als Hauptstadt wirtschaftliches und kulturelles Zentrum Islands, umgeben von vier weiteren der sieben größten Städte des Landes: Kópavogur, Hafnarfjörður, Reykjanesbær und Mosfellsbær. Das Zentrum im Norden und viertgrößte Stadt ist Akureyri (17 800 Einwohner), im dünn besiedelten Osten ist es Egilsstaðir (2300 Einwohner).

Die Finanzkrise 2008 schadete Islands Wirtschaft schwer und brachte politischen Umbruch: Öffentliche Proteste zwangen die Regierungskoalition zur Aufgabe – eine links-grüne Minderheitsregierung unter Ministerpräsidentin Jóhanna Sigurðardóttir übernahm. Die vorgezogenen Parlamentswahlen im April 2009 bestätigten sie mit absoluter Mehrheit. Der EU-Beitritt ist geplant.

Island hat die weitgehende Gleichberechtigung der Geschlechter erreicht, in internationalen Vergleichen hält es den Spitzenplatz. Mit Vigdís Finnbogadóttir als Präsidentin stellte das Land 1980 weltweit die erste Frau als gewähltes Staatsoberhaupt. 43 % der Parlamentsabgeordneten sind weiblich. Rund 90 % der Väter gehen nach der Geburt eines Kindes auch in Elternzeit, die Geburtenzahlen sind die höchsten Europas.

Religion

Mehr als 90 % der Isländer sind christlich, die meisten davon evangelisch-lutherisch. Zahlreiche kleine Freikirchen sind vertreten, nur 3 % – meist Einwanderer – sind katholisch. Rund 5 % bezeichnen sich als Atheisten, knapp 1 % als Heiden.

Sprache

Isländisch hat seine Wurzeln im Altnordischen der Wikinger. Anders als Norwegisch und andere Verwandte hat es sich seitdem kaum verändert und besitzt noch die Runenbuchstaben Þ und ð – ein gelispeltes »T« und »d« ähnlich dem englischen »th«. So können Isländer die mittelalterlichen Sagas noch recht gut im Original lesen. Dialekte gibt es keine.

Wirtschaft

Fischereiprodukte sind mit mehr als 40 % der Exporte nach wie vor Islands wichtigster Wirtschaftszweig. Dazu kommen Metallproduktion, Schiffsausrüstung, Wollprodukte sowie Dienstleistungen. Landschaft und Klima erlauben vor allem das Halten von Schafen, Rindern und Islandpferden – nur noch 10 % der Isländer leben von der Landwirtschaft. 100 % des elektrischen Stroms und 80 % der sonstigen Energie stammen aus Geothermie und Wasserkraft. Gemüse wächst in dampfbeheizten Gewächshäusern heran. Der Tourismus wird zum immer stärkeren Wirtschaftsfaktor, jüngste Vulkanausbrüche haben das Interesse an der Insel belebt.

Geschichte

Vor 874 n. Chr.

Die ältesten menschlichen Spuren aus dem 7. Jh. stammen vermutlich von keltischen Mönchen aus Irland. Erste Siedlungsversuche aus Norwegen ab 860 führen zum Namen »Eisland«.

874

Erste dokumentierte »Landnahme« durch Ingólfur Arnarson, ab 877 in der Bucht Reykjavíks. Ihm folgen Wikinger aus Norwegen, Schottland und Irland.

930

Die Volksversammlung »Alþingi« tagt erstmals in Þingvellir. Das älteste noch existente Parlament der Welt erklärt Island zum unabhängigen Staat.

1000

Das »Alþingi« beschließt demokratisch den Übertritt zum Christentum. Leifur Eiriksson erreicht als erster Europäer Nordamerika.

Ab 1056

In Skáholt entsteht der erste Bischofssitz des Landes, 50 Jahre später in Hólar im Norden ein zweiter. Schulen und Klöster werden gegründet, die Kultur blüht auf, und Dichter wie Snorri Sturluson schreiben erste isländische Literatur. Im 13. Jh. entstehen dann die »Sagas« – bedeutende Klassiker des Mittelalters.

1220–1262

»Sturlungar-Zeit«: Die Konflikte wichtiger Sippen (darunter die Goden) um die Vorherrschaft führen fast zum Bürgerkrieg.

1262

Island begibt sich per Vertrag unter Norwegens Krone, das »Alþingi« bleibt Gesetzgeber.

1380

Norwegen und Island fallen durch Erbfolge an Dänemark.

15. Jh.

Blühender Handel mit England, aber auch Dänemark und der Hanse. 1530 führt der Bischof von Hólar den Buchdruck ein, 1540 erscheint das Neue Testament auch auf Isländisch.

1550/1551

Der katholische Bischof von Skálholt wird enthauptet. 1551 wird der evangelisch-lutherische Glaube zur Staatsreligion.

1602

Dänemark erklärt ein Handelsmonopol für Island, sorgt für hohe Preise und knappe Waren. Erst 1787 wird das Monopol gelockert.

1627

»Türkischer Überfall«: Algerische Piraten rauben 380 Isländer als Sklaven von den Westmännerinseln und der Südküste.

1662

Dänemarks Monarchen werden absolute Herrscher über Island, beschneiden viele Rechte des »Alþingi«.

1702

Eine erste Volkszählung ermittelt 50 358 Einwohner. Ein Drittel stirbt binnen sechs Jahren durch eine Pockenepidemie.

1783–1784

Der Vulkanausbruch des Lakigíga verwüstet den Süden Islands und sorgt weltweit für Missernten.

1800

Die Dänen schaffen das »Alþingi« ab.

Bis 1843

Die Unabhängigkeitsbewegung der Isländer vor allem in Dänemark wächst. 1843 wird das »Alþingi« mit beratender Funktion wieder eingerichtet: in Reykjavík, das künftig Hauptstadt ist. 1854 fällt das dänische Handelsmonopol.

1874

Tausendjahrfeier der Landnahme. In einer neuen Verfassung erhält das »Alþingi« wieder Gesetzgebungsrechte, doch nur begrenzte Selbstbestimmung.

Ab 1904

Selbstverwaltung unter dänischer Krone. 1905 erhält Island seine erste Telegrafenverbindung, 1907 die Schulpflicht, 1911 seine erste Universität, 1915 das Wahlrecht für Frauen.

1918

Im Unionsvertrag wird Island souverän und unabhängig von Dänemark, nur der dänische König bleibt.

1940/1941

Britische Streitkräfte besetzen Island zum Schutz vor dem Deutschen Reich, 1941 gefolgt von US-Truppen, die bis 1944 bleiben.

1944

Am 17. Juni wird in Þingvellir die Republik Island ausgerufen.

1952–1975

In den »Kabeljau-Kriegen« mit Großbritannien verteidigt Island seine Fischereigründe, deren Grenze wächst auf 200 Meilen.

1955

Der Isländer Halldór Laxness erhält den Nobelpreis für Literatur.

1963

Vor Islands Südküste entsteht durch einen unterseeischen Vulkanausbruch die Insel Surtsey.

1971

Dänemark beginnt, die alten Saga-Handschriften zurückzugeben.

1980

Islands Präsidentin Vigdis Finnbogadóttir ist weltweit erstes weibliches gewähltes Staatsoberhaupt.

1993

Island wird Teil des Europäischen Wirtschaftsraums EWR.

2000

Reykjavík ist eine der Kulturhauptstädte Europas, feiert 1000 Jahre Christentum in Island.

2006

Die USA schließen ihren Stützpunkt in Keflavík und ziehen komplett ab.

2010

Der Ausbruch des Eyjafjallajökull legt mit seinem feinen Staub tagelang den Flugverkehr in Europa lahm.

2011

Island feiert seine lange literarische Tradition als Gastland der Frankfurter Buchmesse.

Sprachführer Isländisch

Isländer sprechen meist gutes Englisch und oft Deutsch, doch mit ein paar Brocken Isländisch wecken Sie Sympathie. Die Wörter werden auf der ersten Silbe betont, ein ´ markiert lange Buchstaben (hótel). Das þ spricht man wie englisches »th« in »thing«, das ð stimmhaft wie in »this«. Ein hv klingt wie »kv«, und das ll wird per Zungenklacken zum »ttl«. Also klingt der Eyjafjallajökull korrekt: »Eyjafjattlajökuttl«. Übrigens gibt es kein »Sie«. Adressen können sich übrigens verändern – Vorsicht: Die Strandgata in Egilsstaðir heißt manchmal Strandgötu in Egilstöðum.

Wichtige Wörter und Ausdrücke

ja – já
nein – nei
danke – takk
bitte – gerðu svo vel
Wie bitte? – Ha?
Ich verstehe nicht. – Ég skil ekki.
Entschuldigung – Afsakið
Hallo – Hæ
Guten Morgen/Guten Tag – Góðan
  daginn
Guten Abend – Gott kvöld
Guten Nacht – Góða nótt
Auf Wiedersehen – Vertu blessaður
Ich heiße … – Ég heiti …
Ich komme aus … – Ég kem frá …
– Deutschland. – þýskalandi
– Österreich. – Austurríki
– der Schweiz. – Sviss
Wie geht's? – Hvað segir þú?
Danke, gut. – Allt gott, takk fyrir
wer, was, welcher – hver, hvað, hvaða
wann – hvenær
wie viel – hve mikið
Sprechen Sie deutsch/englisch? –
  Talar þú þýsku/ensku?

heute – í dag
morgen – í morgun
gestern – í gær
Ich möchte Euro in Kronen wechseln. – Ég vil skipta evrum í
  krónur.

Zahlen

eins – einn, ein, eitt
zwei – tveir, tvær, tvö
drei – þrír, þrjár, þrjú
vier – fjórir, fjórar, fjögur
fünf – fimm
sechs – sex
sieben – sjö
acht – átta
neun – níu
zehn – tíu
hundert – hundrað

Wochentage

Montag – mánudagur
Dienstag – þriðjudagur
Mittwoch – miðvikudagur
Donnerstag – fimmtudagur
Freitag – föstudagur
Samstag – laugardagur
Sonntag – sunnudagur

Unterwegs

rechts – hægri
links – vinstri
geradeaus – beint áfram
Wie weit ist es nach …? Hvað er
  langt til …?
Wie komme ich nach …? – Hvernig
  kemst ég til …?
Wo ist … – Hvar er …
– die Bushaltestelle? – stoppistöðin?
– der Flughafen? – flugvöllur?
– die Touristeninformation? –
  upplýsingar fyrir ferðafólk?
– die nächste Werkstatt? – næsti
  verkstaði?

– die nächste Bank? – næsti ban-kinn?

– die nächste Post? – pósthús?

– die nächste Tankstelle? – næsta bensinstöðin?

– Wo kann ich telefonieren? – Hvar get ég hringt?

Ich möchte ein Auto mieten. – Ég vil leigja bíl.

Wir hatten einen Unfall. – Við lentum í slysi.

Superbenzin (98 Oktan) – níutíu og átta (98)

Diesel – dísel

Wo finde ich … – Hvar finn ég …

– einen Arzt? – læknir

– eine Apotheke? – apótek

Eine Fahrkarte nach … bitte! – Einn farmiða till … takk.

Übernachten

Ich suche ein Hotel. – Ég er að leita hoteli.

Ich suche ein Zimmer für …Personen. – Ég er að leita herbergi fyrir … einstaklingar.

Haben Sie noch Zimmer frei … – Ertu með laust herbergi… ?

– für eine Nacht? – … í eina nótt?

– für zwei Tage? – … í tvær daga?

– für eine Woche? – í einni viku?

Ich habe ein Zimmer reserviert. –Ég var búin að panta herbergi.

Wie viel kostet das Zimmer … – Hvað kostar herbergið …?

– mit Frühstück? – með morgunmat?

Kann ich das Zimmer sehen? – Gæti ég fengið að sjá herbergið?

Ich nehme das Zimmer. – Ég tek þetta herbergi.

Haben Sie Schlafsackplätze? – Er hægt að fá svefnpokapláss?

Kann ich mit Kreditkarte zahlen? – Ég hægt að borga með greiðslukorti?

Essen und Trinken

Die Speisekarte bitte! – Get ég fengið matseðilinn, takk.

Die Rechnung bitte! – Get ég fengið reikninginn, takk.

Ich hätte gern … – Má ég fá …

Auf Ihr Wohl! – Skál!

Ich möchte gerne bezahlen. –Ég vil gjarna borga

Wo finde ich die Toiletten (Damen/Herren)? – Hvar er snyrting (kvennaklósett/ karlaklósett)?

Kellner/-in – þjónn/gengilbeina

Frühstück – morgunverður, morgunmatur

Mittagessen – hádegisverður, hádiegismatur

Abendessen – kvöldverður, kvöldmatur

Einkaufen

Wo gibt es …? – Hvar fæst …?

Ich hätte gerne …? – Gæti ég fengið …?

Haben Sie …? – Eru til …?

Wie viel kostet …? – Hvað kostar …?

Das ist zu teuer. – þetta er of dýrt.

Das gefällt mir/gefällt mir nicht. – Mér líst vel á það./Mér líst ekki vel á það.

Ich nehme es. – Ég fæ það.

Geben Sie mir bitte 100 Gramm/ein Kilo …– Ég ætla að fá 100 grömm/ eitt kílógrömm…

Nein, danke, das ist zu viel – Nei takk, það er of mikoð

Danke, das ist alles – Takk, þá er það komið

geöffnet – opið

geschlossen – lokað

Bäckerei – bakarí

Fischgeschäft – fiskbúð

Metzgerei –kjötbúð

Markt – markaður

Kulinarisches Lexikon

A

all – Aal
ávaxtasafi – Fruchtsaft

B

beikon – geräucherter Speck
bjúga – Hackwurst
blóðmör – Blutwurst mit Rosinen
bjór – Starkbier
brauð – Brot
brennivín – Anis-Kartoffelbrannt-
   wein
búðingur – Pudding

D

djúpsteikt – frittiert
drykkir – Drinks

E

egg – Ei
eplakaka – Apfelkuchen

F

fiskibollur – gebratene Fischklopse
   mit Gemüse
fiskur – Fisch
fjallagrasaréttir – Flechtensuppe aus
   »Isländisch Moos«
flatkökur; flatbrauð – Roggen-
   pfannkuchen; Fladenbrot
franskar – Pommes frites
fuglar – Geflügel

G

gráðostur – Schimmelkäse
grænmeti – Gemüse

H

hákarl; kæstur hákarl – fermentierter Hai
hangikjöt – geräuchertes Lammfleisch
harðfiskur – Trockenfisch, als Snack
   oder mit Butter serviert

hörpuskel – Jakobsmuschel
hrefna – Minkwal
hreindýr – Rentier
hrísgrjön – Reis
hrútspungar – eingelegter Hammel-
   hoden, auch als Pastete
humarhalar – Hummerkrabben-
   schwänze
hvalur – Wal
hverabrauð – dunkles Roggenbrot,
   bis 24 Stunden gebacken, traditionell in Vulkanerde
hvítvín – Weißwein

I

ís – Eiscreme
islenskur matur – isländische Spezialitäten

K

kaffi – Kaffee
kakósúpa – Kakaosuppe, mit Zwie-
   back serviert
kálfasneið – Kalbsschnitzel
kalkúni – Pute
karfi – Rotbarsch
kartöflumús – Kartoffelpüree
kjöt – Fleisch
kjötsúpa – Fleischeintopf mit Reis
   und Gemüse
kjúklingabringa – Hähnchen-
   brust
kleina (pl. kleinur) – rautenförmi-
   ges Schmalzgebäck
kræklingur – Miesmuschel
kæst – fermentiert

L

lambakjöt – Lammfleisch
laufabrauð – Knusperfladen, zu
   Weihnachten
lax – Lachs
leturhumar – Languste, Hummer-
   krabbe

lúða – Heilbutt
lundabaggi – gekochte, sauer einge-
legte Schafsinnereien
lundi – Papageitaucher, gebraten
oder geräuchert
læri – Keule

M

margs konar hjónabandsæla –
»Eheglück«, Kuchen ähnlich der
Linzer Torte
molakaffi – schwarzer Kaffee mit
Würfelzucker (sykurmolar)
mysa – Molke

N

naut – Rindfleisch

O

ostakaka – Käsekuchen
ostur – Käse(-sorten)
öl – Bier

P

plokkfiskur – Fisch-Kartoffel-
Eintopf
pönnukaka (pl. pönnukökur) –
crêpeartige Pfannkuchen
pylsur – Wurst
pylsur »ein með öllu« – Hotdog mit
diversen Saucen und Trocken-
zwiebeln

R

rauðvin – Rotwein
reykt – geräuchert
rjóma – Sahne
rjúpa – Schneehuhn
rófustappa – Rübenmus
rúgbrauð – malziges schwarzes
Roggenbrot
rækja – Garnele

S

saltfiskur – gepökelter Kabeljau mit
Kohlrüben und Hammelfett

saltkjöt og baunir – Erbsen mit
Pökelfleisch
sandhverfa – Steinbutt
síld – Hering
silungu – Forelle
sjávarrétta – Meeresfrüchte
skarkoli, rauðspretta – Scholle
skata – fermentierter Rochen,
»Gammelrochen«
skinka – Schinken
skyr – traditioneller dünner Quark
slátur – im Schafsmagen gekochte
Innereien wie Saumagen
smjör – Butter
soðin – gekocht, gesotten
steikt – gebraten
steinbítur – Seewolf
súkkuladiðikaka – Schokoladen-
torte
súpa dagsins – Tagessuppe
súrmeti, súrsaðir – milchsauer ein-
gelegt bzw. gekocht
súrmjólk – Dickmilch
sveppir – Pilze
svið – gesengter Schafskopf, mit Rübenmus und Stampfkartoffeln
svín – Schwein
sulta – Sülze

T

tebollur – traditionelles Teegebäck
tunga – Zunge

U

ufsi – Seelachs

V

vínarbrauð – traditionelles Gebäck
vöfflur – süße Waffeln

Y

ýsa – Schellfisch

Þ

þorskur – Kabeljau, Dorsch
þurrkaður – luftgetrocknet

Reisepraktisches von A–Z

ANREISE

MIT DEM AUTO UND DER FÄHRE

Die meisten Touristen mieten ein Auto auf der Insel. Langjährige Islandfans jedoch kommen mit eigenem Campmobil oder hochlandtauglichem Wagen – mit der Fähre. Von April bis Oktober verkehrt einmal wöchentlich die Autofähre »Norröna« (Smyril Line, Tel. 04 31/2008 86, www.smyrilline.de) von Dänemark nach Seyðisfjörður an Islands Ostküste. Preise und Fahrpläne schwanken je nach Saison, die Fahrt dauert 4–7 Tage, im Sommer können Passagiere zwei Tage lang die Faröer-Inseln erkunden, während die Fähre weitere Island-Gäste aus Norwegen und Schottland abholt.

Wer die Seefahrt scheut, nimmt das Flugzeug und schickt sein Auto ab Hamburg alleine mit Eimskip im Container (Brandsende 6, 20095 Hamburg, Tel. 0 40/3 23 33 00, www.eimskip.com/de).

MIT DER FÄHRE

Selbstverständlich ist der Ausflug über die Faröer-Inseln auch ohne Auto an Bord möglich (www.smyrilline.de).

MIT DEM FLUGZEUG

Die meisten Direktflüge von Deutschland bietet Iceland Air (www.icelandair.de), gefolgt von Lufthansa (www.lufthansa.de), Air Berlin (www.airberlin.de), Germanwings (www.germanwings.com/de) und IcelandExpress (www.icelandexpress.de). Zielflughafen ist bislang immer Keflavík Airport (www.keflavikairport.com), allerdings arbeiten auch Akureyri und Egilstaðir an Langstreckenverbindungen. In den Sommermonaten fliegen deutlich mehr Maschinen, auch ab Köln, Hamburg oder München – außerhalb der Saison meist nur ab Frankfurt oder Berlin. Ab Zürich und Wien gibt es nur indirekte Flüge, im Sommer fliegt IcelandExpress (www.icelandexpress.de) ab Basel.

Eine interessante Alternative ist der Stop-Over in Island auf dem Weg nach Nordamerika: Icelandair und einige US-Airlines bieten die kostenlose Unterbrechung bis zu sieben Tagen. Vorteil Gepäckregelung: Zwei Koffer bis je 23 kg sind erlaubt.

Wer nach Ankunft in Keflavík direkt im Land weiterfliegen möchte, muss meist per Shuttlebus oder -flug zum Inlandsflughafen in Reykjavík wechseln. Wer bleibt, kommt per Flybus und Airport Express in rund 45 Min. direkt zum Busterminal BSÍ (www.bsi.is) oder zum Hotel. Die Tickets gibt es ab rund 2000 ISK direkt im Ankunftsbereich.

Auf www.atmosfair.de und www.myclimate.org kann jeder Reisende durch eine Spende für Klimaschutzprojekte für die CO_2-Emission seines Fluges aufkommen.

AUSKUNFT

IN DEUTSCHLAND, ÖSTERREICH UND DER SCHWEIZ
Visit Iceland

Tel. 0 30/50 50 42 00 • http://de.visiticeland.com

IN ISLAND
Promote Iceland

Borgartún 35, 105 Reykjavík • Tel. 5 11 40 00 • www.promoteiceland.is

Im Ankunftsbereich Keflavík bietet ein Informationsstand Auskunft und Broschüren für ganz Island. Detaillierte Reisehilfe liefert das zentrale Tourist Information Centre in Reykjavík (Aðalstræti 2, Tel. 5 90 15 50, www.visitreykjavik.is) sowie die Regionalzentren.

BUCHTIPPS

Tilman Spreckelsen: Der Mordbrand von Örnolfsdalur und andere Isländer Sagas (Galiani-Verlag, 2011) Wunderschön illustriert und spannend erzählt das Buch die wichtigsten Sagas und lockt zu den Originalschauplätzen.

Alva Gehrmann: Alles ganz Isi: Isländische Lebenskunst für Anfänger und Fortgeschrittene (dtb, 2011) Ein vergnüglicher Leitfaden, der zeigt, wie Isländer ticken – und auch Grund für eine Reise sind.

Halldór Laxness: Atomstation (Steidl Verlag, 2007) Mit dem Literaturnobelpreis gekrönt, beschreibt der Roman Leben und Stimmung im Kalten Krieg, als Island dem US-Militär seine Südwestspitze überließ.

Steinunn Jóhannesdóttir: Die Isländerin (rororo 2006) Der historische Roman hat Längen, aber macht das Schicksal jener Isländer lebendig, die von algerischen Piraten im 17. Jh. in die Sklaverei verschleppt wurden

Arthúr Björgvin Bollason: Island: Ein Reisebegleiter (insel taschenbuch, 2008) Klein, aber fein zeigt das Buch viele Sehenswürdigkeiten Islands als Schauplätze alter und neuer Literatur.

DIPLOMATISCHE VERTRETUNGEN
Deutsche Botschaft
Laufásvegur 31, 101 Reykjavík • Tel. 5 30 11 00 • www.reykjavik.diplo.de

Österreichisches Konsulat
Orrahólar 5, 111 Reykjavík • Tel. 5 57 54 64 • E-Mail: Arni-siemsen@ simnet.is

Schweizer Konsulat
Laugavegur 13, 101 Reykjavík • Tel. 5 51 7172 • E-Mail: johannavigdis@ simnet.is

FEIERTAGE

1. Jan. Neujahr
Gründonnerstag
Karfreitag
Ostermontag
3. Do im April Erster Sommertag
1. Mai Tag der Arbeit
Christi Himmelfahrt
Pfingsten
17. Juni Nationalfeiertag
1. Mo im August Handelsfeiertag
24. Dez. ab 12 Uhr Heilig Abend
25./26. Dez. Weihnachten
31. Dez. ab 12 Uhr Silvester

GELD

100 ISK	0,62 €/0,76 SFr
1 €	160 ISK
1 SFr	131 ISK

Währung ist die **Isländische Krone** (ISK), teilbar in 100 Aurar. Als Zahlungsmittel gelten **Kreditkarten** und **Maestrocard** fast überall. Auch Reiseschecks werden an vielen Stellen akzeptiert. Beim **Geldwechseln** ist der Kurs am Flughafen meist schlechter als in der Stadt. Banken und Sparkassen sind werktags von 9.15–16 Uhr geöffnet.

INTERNET

http://de.visiticeland.com
Islands offizielle Tourismus-Seite bietet Zugang zu Reisezielen und

praktischen Informationen, lässt Unterkünfte buchen – bestens für die Reiseplanung von zu Hause aus. Alle Regionen und größeren Orte haben zusätzlich eigene Homepages.

www.iceland.is
Staatliche Homepage zu Land, Kultur, Natur, Politik und anderen Hintergründen. Mit Informationen zu Ämtern, Statistiken und vielen Events.

www.islandreise.info
Umfassende Informationsseite mit Foren, in denen Reisende konkret über Planungen und Probleme diskutieren.

www.icelandreview.com
Website zum vielerorts ausliegenden Magazin zu aktuellen Kulturveranstaltungen, einige News und Hintergrundstories, englischsprachig, werbefinanziert.

www.nat.is
Die Seite von »Nordic Adventure Travel« beherbergt umfassende Karten und Pläne zu Bussen, Fähren, Wanderwegen und mehr, mit Schwerpunkt auf Südisland.

MEDIZINISCHE VERSORGUNG
KRANKENHAUS

Medizinische Zentren oder praktische Ärzte findet man in den größeren Orten und zentralen Dörfern. In und um Reykjavík gibt es 15 Gesundheitszentren (»heilsugæslustöðvar«) mit kurzen Wartezeiten (Liste und Übersichtskarte unter www.heilsu gaeslan.is, Tel. 5 85 13 00). Außerhalb der üblichen Geschäftszeiten (am Wochenende sowie zwischen 17 und 8 Uhr werktags) ist ein Gesundheitstelefondienst erreichbar (Tel. 5 52 12 30) – bei Unfällen und akuten Erkrankungen ist rund um die Uhr die Unfallstation (»slysadeild«) des

Krankenhauses Reykjavík (»sjúkrahús«) zuständig (Tel. 5 25 10 00), andernorts die Notrufnummer 112.

KRANKENVERSICHERUNG

Die Vorlage einer Europäischen Krankenversicherungskarte (EHIC) ist ausreichend. Als zusätzlicher Versicherungsschutz empfiehlt sich der Abschluss einer Auslandskrankenversicherung, da diese Krankenrücktransporte mitversichert.

APOTHEKEN

Apotheken (»apótek«) sind zu den üblichen Ladenöffnungszeiten geöffnet – in Reykjavík manche auch nachts. Von regelmäßig zu nehmenden Medikamenten sollten Sie einen Vorrat einpacken, da in Island andere Präparate gehandelt werden.

NOTRUF

Euronotruf Tel. 112 (Polizei, Feuerwehr, Rettungsdienst)

POST

Jeder größere Ort hat ein Postamt (»pósturinn«), geöffnet Mo–Fr von 9–16.30 Uhr, in Reykjavík teils auch am Wochenende. Eine Postkarte in die EU und die Schweiz kostet 165 ISK (www.postur.is/english). Die Briefkästen in Island sind rot.

REISEDOKUMENTE

Deutsche, Österreicher und Schweizer benötigen einen gültigen Reisepass oder Personalausweis (Identitätskarte), der drei Monate über die Reise hinaus gültig sein muss. Kinder unter 16 Jahren müssen im Pass eines Elternteils eingetragen sein oder benötigen einen Kinderreisepass. Für das Autofahren gilt der nationale Führerschein, die internationale grüne Versicherungskarte wird empfohlen. Aufenthalte länger als drei Monate muss die Immigrationsbehörde (www.utl.is) genehmigen.

REISEKLEIDUNG

Wegen des wechselhaften Wetters ist warme und wetterfeste Kleidung anzuraten – am besten aber kleiden Sie sich im Zwiebelschalenstil, denn auch kühle Sommer haben heiße Stunden. Für Fußtouren sollten Sie wegen wechselnder Böden gute Wanderschuhe einpacken. Badesachen unterwegs möglichst griffbereit halten, für versteckt gelegene Quellen oder Pools. Von Herbst bis Frühjahr ist warme Unterkleidung wichtig. Für Restaurantbesuche auch bei Wandertouren etwas schickere Kleidung bereithalten.

REISEKNIGGE

Die Umgangsformen ähneln jenen in ganz Nordeuropa: Höflichkeit, gepaart mit distanzierter Herzlichkeit, Hilfsbereitschaft und Neugier. Man begrüßt sich mit Handschlag, ungezwungener geht es mit »Halló« oder »Hæ«. Immer gilt: Lieber ein freundliches »takk« und Lächeln zu viel als zu wenig.

Isländer sprechen einander mit Vornamen an, das »Duzen« in deutschen Gesprächen empfiehlt sich aber erst nach näherem Kennenlernen. Für private Einladungen dankt man den Gastgebern mit einem Mitbringsel oder Blumen, beim Abschied mit Händedruck und »takk fyrir í kvöld« (Danke für den Abend) und beim nächsten Treffen – auch nach Wochen noch – mit »takk fyrir síðast« (Danke für neulich). Die Antwort lautet »sömuleiðis« (ebenso), auch wenn sich jemand bei

NEBENKOSTEN

1 Tasse Kaffee im Café	2,50 €
1 Glas Bier.	2,50–5,40 €
1 Cola	1,70/2,20 €
1 Schachtel Zigaretten	5,40 €
1 Taxifahrt (pro km)	3,00 €
1 Liter Benzin.	1,50 €
Mietwagen/Tag, Kleinwagen (schwankt sehr nach Saison) .	60,00 €
Hotdog spezial/ Þylsa »eina með öllu«	1,80 €

Ihnen bedankt. Im Geschäftsleben ist meist – je nach Branche – legere Kleidung angesagt, bei besonderen Anlässen auch eleganter Dresscode. In Restaurants auch auf dem Land ist Trekking-Kleidung ungern gesehen. Bei Einladungen sollte man pünktlich kommen, auch wenn Isländer gern etwas später eintreffen. Formelle Anlässe enden üblicherweise vor Mitternacht. Straßenschuhe werden meist am Eingang ausgezogen, selbst in Schwimmbädern und Wanderhütten. Im Gespräch sind heikle Themen besser zu vermeiden, etwa Walfang oder der umstrittene Stausee Káhrahnjúkar.

Vor dem Baden in Lagunen und heißen Quellen – immer mit Schwimmkleidung – wird ein gründliches Reinigen unter der Dusche erwartet.

REISEZEIT

Die beste Reisezeit ist im späten Frühjahr oder frühen Herbst – am Rande der Hauptsaison. Dann ist es warm genug, doch die Hauptattraktionen sind weniger überlaufen, während die kleinen Museen und Hotels noch täglich geöffnet sind. Im Winter ist Island wegen des Golfstroms recht mild, Schnee liegt im Flachland selten länger als einige Tage.

REYKJAVÍK WELCOME CARD

In der Hauptstadt bietet die »Welcome Card« für 24–72 Std. (15–25 €) freien Eintritt oder Ermäßigungen zu Transport und zahlreichen Museen, Restaurants, Läden und Touren (www.visitreykjavik.is). Mehrere Busgesellschaften bieten im Sommer Pauschal-Buspässe, mit denen das Streckennetz beliebig nutzbar ist (▶ Bus, S. 143).

TELEFON

VORWAHLEN

Island ▶ Deutschland 0049
Island ▶ Österreich 0043
Island ▶ Schweiz 0041
D, A, CH ▶ Island 00354

Isländische Nummern sind meist 7-stellig und beinhalten die Regionalvorwahl. Bei Anrufen vom mitgebrachten Mobiltelefon innerhalb Islands ist die Vorwahl überflüssig. Kürzer sind nur Spezialnummern wie für die Inlands- (Tel. 118) oder Auslandsauskunft (Tel. 115). Anrufe ins Ausland tätigt man am besten von den Telefonämtern (»sími«) aus oder von den seltenen Telefonzellen (meist an den Postämtern größerer Orte).
Island ist auch in ländlichen Gegenden gut mit Mobilfunkmasten ausgestattet, im Hochland sind allerdings spezielle NMT-Telefone nötig. Größte GSM-Anbieter sind Síminn (www.siminn.is/english) und Vodafone Iceland (www.vodafone.is). Es gelten die Roaming-Tarife der EU. Günstiger geht es aber mit isländischen Prepaid-Karten, die man am Flughafen und an Tankstellen bekommt.

TIERE

Die Einfuhr von Haustieren ist nur erlaubt, wenn sie vom Landwirtschaftsministerium – nach Impfungen, Tests etc. – genehmigt wurde und das Tier 4–8 Wochen lang in Quarantäne war.

TRINKGELD

Trinkgeld und Mehrwertsteuer sind in Island grundsätzlich im Endpreis enthalten. Trinkgeld wird eher als herablassend wahrgenommen.

VERKEHR
AUTO

Isländer fahren defensiv, die Straßen sind selten voll. Nur innerorts und auf der Ringstraße findet sich Asphaltbelag, die meisten – auch für normale Mietwagen erlaubten – Straßen sind gut geschottert. Zulässiges Höchsttempo in Ortschaften ist 50 km/h, auf Durchgangsstraßen auch 60 km/h, auf geschotterten Landstraßen 80 km/h und asphaltierten Landstraßen 90 km/h. Ein Überschreiten ist teuer und meist sofort fällig. Zwar sind wenige Verkehrspolizisten unterwegs, doch mancherorts warten Radarfallen.
Schotterstraßen erfordern umsichtiges Lenken und Bremsen, damit das Auto nicht rutscht. In unwegsames Gelände oder ins Hochland führen Pisten, für die Allradantrieb absolut erforderlich ist. Generell werden Hochlandwege erst gegen Ende Juni geöffnet, der aktuelle Stand ist beim Straßenverkehrsamt zu erfragen (www.vegagerdin.is, Tel. 17 77).
Das Abblendlicht ist rund um die Uhr einzuschalten, Gurtpflicht gilt für alle Passagiere, Kinder brauchen Kindersitze. Alkohol am Steuer ist verboten, ebenso wie das Fahren au-

ßerhalb der Wege und Fahrspuren. Brücken sind selbst auf der Ringstraße oft nur einspurig: Wer zuerst kommt, fährt zuerst. Lange Brücken haben Ausweichbuchten. Straßen auf Hügelkuppen tragen meist ein Warnschild (»blindhaæð«).

Vorsicht auch vor Tieren auf oder an der Straße – sie haben absoluten Vorrang. Beim Unfall zahlt der Autofahrer Schadensersatz an den Bauern – und seine Blechschäden selbst.

MIETWAGEN

Autos bieten außerhalb Reykjavíks die größte Unabhängigkeit und Flexibilität. Stationen gibt es in den meisten größeren Orten, manche sind allerdings nur bei Bedarf besetzt, sodass sich ein Vorausbuchen per Reisebüro oder Internet empfiehlt. Besonders günstige Tarife bieten kleinere Firmen in Reykjavík – am besten im Hotel empfehlen lassen, allerdings sind Einwegmieten etwa nach Egilstaðir oder Akureyri nur bei den großen Anbietern möglich.

Für das Abholen oder Abgeben am Flughafen wird eine Zusatzgebühr fällig, sodass der Flughafenbus und eine Stadtbuchung billiger kommen können. Einige Firmen sitzen am Rand Reykjavíks und bieten einen Gratis-Transport vom und zum Hotel an. Ebenso kann sich eine Online-Buchung lohnen, besonders gemeinsam mit dem Flugticket: Icelandair-Passagiere bekommen bei Hertz und Icelandexpress-Passagiere bei Budget günstigere Preise.

Für Mietwagen mit Allradantrieb muss der Fahrer mindestens 23 Jahre alt sein. Auch abseits der Hochlandstraßen kann sich die teurere Pauschale lohnen, die Schäden durch Schotterschlag mit abdeckt.

TANKSTELLEN

Das Tankstellennetz ist recht dicht, die meisten haben von 7.30 bis 20 Uhr geöffnet, in der Stadt länger. Kreditkarten sind Standard, mit ihnen zahlt man auch nachts oder an einsamen Zapfsäulen in der Landschaft. Manche Automaten akzeptieren auch Geldscheine.

BUS

Statt der Bahn verbinden Busse das ganze Land: Islands Liniennetz ist bestens ausgebaut. Geländegängige Busse fahren sogar – vor allem im Sommer – ins Hochland. In der Hauptsaison sind verschiedene Buspässe zu haben (bei den einzelnen Linien oder am zentralen Busbahnhof Reykjavík BSÍ (Vansmýrarfegur 10, Tel. 591 10 11, www.bsi.is). Einzeltickets verkauft der Busfahrer oder Begleiter. Auf Handzeichen

Mittelwerte	JAN	FEB	MÄR	APR	MAI	JUN	JUL	AUG	SEP	OKT	NOV	DEZ
Tages-temperatur	2	3	5	6	10	13	15	14	12	8	5	4
Nacht-temperatur	-3	-3	-1	1	4	7	9	8	6	3	0	-2
Sonnen-stunden	1	2	4	5	6	6	6	5	4	2	1	0
Regentage pro Monat	20	17	18	18	16	15	15	16	19	21	18	20

halten die Busse jederzeit auch zwischen den Stationen. Kinder von 4 bis 11 Jahren zahlen die Hälfte, unter 4 Jahren fahren sie gratis.

FÄHREN

Regelmäßige Schiffe verbinden vor allem die bewohnten Inseln mit dem Festland – die Westmänner-Inseln im Süden, Grímsey im Norden und Flatey in den Westfjorden. Die Tickets gibt es jeweils am Fährhafen, vorausbuchen lässt sich telefonisch oder online (www.nat.is).

FLUGZEUG

Inlandsflüge steuern in Island die Regionalzentren und viele kleine Orte an. Größte Airline ist AirIceland (www.airiceland.is) mit Verbindungen zwischen Reykjavík und Akureyri, Egilsstaðir und Ísafjörður Grímsey, Þórshöfn und Vopnafjörður – dazu kommen Flüge auf die Faröer-Inseln und nach Grönland. Eagle Air (www.ernir.is) ist im Linienflug mehrmals wöchentlich nach Bíldudalur, Gjögur, Sauðárkrókur und Höfn unterwegs.

ZEITUNGEN UND ZEITSCHRIFTEN

Britische Zeitungen und US-Blätter sind weit verbreitet. Für Touristen liefert das Monatsmagazin »News from Iceland« und die vierteljährliche »Iceland Review« aktuelle Hintergründe, das Neueste auch online (www.icelandreview.com).

ZEITVERSCHIEBUNG

In Island gilt die Greenwich-Zeit (MEZ -2 Std. im Sommer, MEZ -1 Std. im Winter).

ZOLL

Reisende aus Deutschland und Österreich dürfen Waren im Wert von 300 €, bei Flug- und Seereisen von 430 € (Jugendliche 175) abgabenfrei mit nach Hause nehmen, Reisende aus der Schweiz im Wert von 300 SFr. Die Waren müssen für den privaten Gebrauch vorgesehen sein. Tabakwaren und Alkohol fallen nicht unter diese Wertgrenze und bleiben in bestimmten Mengen abgabenfrei (z. B. 200 Zigaretten, 4 l Wein). Weitere Auskünfte unter www.zoll.de und www.bmf. gv.at/zoll.

ENTFERNUNGEN (IN KM) ZWISCHEN WICHTIGEN ORTEN

	Akureyri	Borgarnes	Egilsstaðir	Ísafjörður	Keflavík	Reykjavík	Seyðisfjörður	Siglufjörður	Stykkishólmur	Vík í Mýrdal
Akureyri	–	315	264	558	429	388	291	191	354	558
Borgarnes	315	–	578	382	115	74	606	312	98	244
Egilsstaðir	264	578	–	822	639	652	28	455	618	510
Ísafjörður	558	382	822	–	496	455	850	556	388	625
Keflavík	429	115	693	496	–	46	721	432	213	224
Reykjavík	388	74	652	455	46	–	680	386	172	186
Seyðisfjörður	291	606	28	850	721	680	–	483	645	538
Siglufjörður	191	312	455	556	432	386	483	–	352	556
Stykkishólmur	354	98	618	388	213	172	645	352	–	342
Vík í Mýrdal	558	244	510	625	224	186	538	556	342	–

Kartenatlas
Maßstab 1:1 500 000

G r ö n l a n d s e e

| 146 | 147 | 148 | 149 |

Grímsey
Raufarhöfn
Ísafjörður
76 Dalvík
85
61 Húnaflói Blönduós
Akureyri
Breiðafjörður
85
60 Egilsstaðir
1

| 150 | 151 | 152 | 153 |

Ólafsvík
1
Þjórsárver
Faxaflói Borgarnes
Vatnajökull-
Þjóðgarður
REYKJAVÍK
Höfn
Ásar
1
Vestmannaeyjar

A t l a n t i s c h e r   O z e a n

0   150 km

© MERIAN-Kartographie

Legende

Routen und Touren

○━━► Der »Golden Circle« (S. 121)
Start: S. 150, C10

○━━► Zu den Westfjorden (S. 125)
Start: S. 146, B2

Sehenswürdigkeiten

🔟 MERIAN-TopTen

🔟 MERIAN-Tipp

▢ Sehenswürdigkeit, öffentl. Gebäude

✳ Sehenswürdigkeit Kultur

✳ Sehenswürdigkeit Natur

⛪ Kirche; Kloster

Sehenswürdigkeiten f.

🏛 Museum

𐐑 Denkmal

🗼 Leuchtturm

∩ Höhle

Verkehr

━━━ Fernverkehrsstraße

━━━ Hauptstraße

─── Nebenstraße

─── Unbefestigte Straße, Weg

▭ Fußgängerzone

🅿 Parkmöglichkeit

🅱 Busbahnhof

Verkehr f.

⚓ Schiffsanleger

✈ Flughafen

⊕ Flugplatz

Sonstiges

ℹ Information

♗ Theater

▢ Botschaft, Konsulat

▲ Camping

✳ Aussichtspunkt

† † Friedhof

▭ Nationalpark

A   B   C

Map of the Westfjords (Vestfirðir) region, Iceland

Places and features labelled on the map include:

Kögurnes, Hornbjarg, Straumnes, Fannalagafjall •618, Hlöðuvik, •709, Ritur, Búðanes, Hesteyri, Ísafjarðardjúp

Bolungarvík, Snæfjall •793, Leirufjall, Hornst., Jökulbunga •925, Drangajökul

Göltur, **Hnífsdalur**, Bæir, Melgrasey, Suðureyri, **Ísafjörður**, **Flateyri**, Barði, Vigur, Arngerðarey, Fjallaskagi, Kirkjuból, **Súðavík**, Holt, Þverfell, 60, 61, Hestur, 183, 61, Svalvogar, Núpur, Mýrar, Hattardalur, Reykjanes, Laugaból, Lokinhamrar, **Þingeyri**, Heydalur, Steing., fjarða, Kópur, Hrafnabjörg, Höll, 60, Kaldbakur 998, **Hrafnseyri**, Fifustaðir, Bakki, Börg, 37, Seldalur, Hvesta, V e s t f i r ð i r, Blakknes, Sæból, **Bíldudalur**, **Dynjandi**, 42, Kollsvik, **Tálknafjörður**, Botn, **Vatnsfjörður**, Klettur, **Patreksfjörður**, 63, 63, 60, 60, Hvallátur, Hnjótur, **Flókalundur**, Vatnsdalsv., Eyri, Djúpidalur, Breiðavík, Vesturbotn, Vatn., Fossa, Sauðlauksdalur, 62, Saurbær, Brjánslækur, Staður, **9 Látrabjarg**, Melanes, Króks-, Rauðasandur, Brekkuvellir, Skáleyjar, fjarðarnes, Siglunes, Sauðeyjar, Hvallátur, Hergilsey, Oddbjarnarsker, Flatey, Svefneyjar, Rauðeyjar, Fragridalur, Bjarneyjar, Ballará, Skarð

Breiðafjörður, Dagverðarnes, Elliðaey, Arney, Teigur, Búða, Höskuldsey, Hvammsfjörður, Kambs, **7 Stykkishólmur**, Skjöldur, **Narfeyri**, 55, Snól, Höl., Hellisandur, Búlandshöfði, 57, Gufuskálar, **Ólafsvík**, Hjarðarfell, Öndverðarnes, Fróðá, **Grundarfjörður**, Vegamót, **Gerðuberg**, Gröf, Knörr, Lýsuhóll, **Rauðamelsökelda**, **Snæfellsjökull** •1448, 54, Staðarstaður, 22, Eldborg, Hitarc., **Schiffsfriedhof**, Dritvik, 574, Búðir, Stakkhamar, 54, **Hellnar**, Arnarstapi, Skógarnes, **Malarrif**, Löndrangar, Höffjörður, Hitarnes, Hitanes, Skiphylur, Svign., Akrar, Einholt, Gri., Hvalseyjar

150

A   B   C

Grönlandsee

1

angaskörð

Sælusker
Fell
Krossnes
Norðurfjörður

nes
Gjögur
Reykjarfjörður
Kolbeinsvík

vík
Kaldbaksvík

a n d i r
Bjarnarfjörður
nanes
Drangsnes
Valshöfði
Grímsey

Steingrímsfjörður

Broddanes
Guðlaugsvík
Gröf
Skriðinsenni
Balkastaðir
Hvalsá
Sandar
Kjörseyri
Dalabyggð
Fjarðarhorn
Melar
Brú
Eiríksstaðir
Breiðabóls-
staðir
Baula
934
Fornihvammur
ni
Sveinatunga

Húnaflói

Skagaströnd
(Höfðakaupstaður)

Húnafjörður
Krossanes
Hjaltabakki
Ósar
Stóra-Giljá
Þristapar
Borgarvirki
Heggstaðir
Hvammstangi
Laugarbakki
Litlahlíð
Bjargo
Reykir
Borðeyri
Barkarstaðir
Húkur
Aðalból

Vatnsnes

Hrútafjörður

Rifsnes
Hafnir
Framnes
Skagaheiði
Örlygsstaðir

Skagatá
Hraun
Ketubjörg
Hvalnes
Selnes
Gaukstaðir
Daðastaðir
Tjudastöll
989
Fagranes

Mýrar
Skrapatunga
Blönduos
Geitaskarð
Reykir
Hraunsar
Hrafnabjörg
Eldjarnsstaðir
Forsæludalur
Grimstunga
Finnmörk

Saudane
Fljótavík
Siglufj
Ólafsfjörðu
ss-stöð
Da
Reykir

Neskot
Málmey
Drangey
Reykjadiskur
Hofsós
Kolkuós
Hóla

Sauðárkrókur
Reykir
1387
Glaumbær
Frostastaðir
Myrkárjökul
Staðarbakl
Varmahlíð
Viðimýri
Hellufell
908
Bakkaflöt
Bakkasel
Kinn
1110
Villinganes
Gilsbakki
Merkigil
Stafn
Hof
Gil

Laxárdalsfjöll
51

93

Svarta

1

35
Blöndulón
Sauðafell
683
Ingólfsskáli
Tvífell
1006
Sandkúlufell
847
Hundavötn
Hveravellir
Kjölur

Svartakvísl

Hofsjök
Mi

Grímsey

148

3

4

Surtshellir
Strútur
151
Eiríksjökull
Hrúfell
1396
Kjalfell
1008
Ásgaðst
Hofsjök

Hraunfossar
Húsafell

D   E   30 km

© MERIAN-Kartographie

N

5

hafnartangi
undarstaðir

Grönlandsee

rmarslón
Melrakkanes
Fontur
Pistilfjörður
Brimnes
Skálar
Krossvík
Heiðarhöfn
Langanes
Kumblavik
Raudanes
Grenjanes
Eiði
Kistufjall
llir
Hlíð
444
Áland
Bakkaflói
Svalbarð
Þórshöfn
Gunnólfsvik
85
Fjalla-
lækjarsel
Helluland
Miðfjörður
Svartnes
ðsnúpur
703
Miðfjörður
Bakkafjörður

6

Strandhöfn
Ljósaland
eljardalsfjöll
886
Syðri-
Hágangur
Hámundar-
Stakfell
925
staðir
Vopnafjörður
891
Vopnafjörður
Bjarnarey
Þorvaldsstaðir
Böðvarsdalur
Syðrivik
Krossavík
Sela
Ketilsstaðir
Hauksstaðir
Hólmatunga
Egilsstaðir
Húsey
Brimnes
Burstafell
Hnitbjörg
Hóll
Unaós
73
Sunnudalur
Borgarfjörður Eystri
Einarsstaðir
Mássel
Sandbrek
Glettinganes
Brunahvammur
Bakkagerði
Þjóðfell
Desjarmýri
1035
85
Litla-Steinsvað
Hvannstóð
Tjarnarland
Húsavík

7

Sandfell
Herfell
876
126
1055
Faröer-Inseln,
Möðrudalur
Hjarðarhagi
Gil
Eiðar
Dänemark
Dvergasteinn
Dalatangi
901
Skjöldólfsstaðir
Gauksstaðir
Fellabær
Vestdalseyri
Eyrar
Arnársstaðir
Egilsstaðir
93
Seyðisfjörður
27
Anavatn
Vallanes
Brekka
Reyðarfjörður
923
Lagarfljót
Hákonarstaðir
Mjóanes
Neskaupstaður
Brú
Brekka
Hallormsstaður
31
Hólafjal
42
Jökulsa á Dal
Hengifoss
92
1088
Eskifjörður
Reyðarfjörður
Veðlar
Geitdalur
Slétta
96
Helgustaðir
Skriðu-
Eyn
klaustur
1
Tunga
Hafranes
910
76
Stöð
Fáskrúðsfjörður
Kambfjall
96
Sturluflöt
1201
Háskuldsstaðir
Skrúður
939
Breiðdalsvík
Stöðvarfjörður
Snæfell
Kambanes
1833
Berufjörður
964
Breiðdalsvík
Eyjólfsstaðir
Gautavík

8

1248
Hamarsel
Teigarhorn
30 km
Hamar
© **MERIAN**-Kartographie
Djúpivogur
Geithellar
Papey

Breiðafjörður

Dagverðarnes

Elli·· Arney

Höskuldsey **146**

A

B

C Teigur

Búða.

Hvammsfjörður Kambsn

Snóks

Höls·

Hítaráa

Stykkishólmur

Grundarfjörður

Skjöldur

Narfeyri

Hellisandur
Gufuskálar

Ólafsvík

57

Öndverðarnes

•Froðá

Grundarfjörður

Hjarðarfell

55

9

Snæfellsjökull
Schiffsfriedhof

Gröf
•1448

Knörr
54

Lýsuhóll
Vegamót
Staðarstaður

**Gerðuberg,
Rauðamelsökelda**

Búðir

122

Arnarstapi

574

Dritvík

Hellnar

Stakkhamar
Skógarnes

Eldborg

Hítará

54

Malarrif

Lóndrangar

Haf|fjörður

Hitarnes

Gr.

Grín

Skiphylur

Einholt

Svigna·

Akrar

533

Urriðaá

Hvalseyjar

Borgarnes

1

Hjörsey

Leirulækur

1

Höfn

Faxaflói

Þormóðssker

Melar

Lambhag

Leirárvogur

51 Grur

10

Akranes

1

Seltjarnarnes Við

REYKJAVÍK

Garðskagi

1 **2** **3** **7**

K

Garður
Sandgerði

**Reykjanesbær/
Keflavík**

48·

Haf

41

Straumsvík

Stafnes

42 417

Vogar 402

Kleifarv

Hafnir

4

Krísuvík

Rau

**Bláa Lónið
(Blaue Lagune)**

11

425

Þórkötlustaðir

42

Grindavík

Reykjanesta·
Eldey

Harðisarv·

12

Atlantischer Oz

A

B

C

Dalabyggð 59 Borðeyri Barkarstaðir

D   E   F

Fjarðarhorno 61 Hrúnno Blöndulón
Melar Aðalból
Brú 147 Sauðafell 35 Ingólfsskáln

Eiríksstaðir 683 Tvíf
100

Breiðabóls- 1 Sandkúlufell Svartkvísl
staður 847

60 Baula Fornihvammur Hundavötn Hveravellir 9 Hofsjö
934

ynni 87 Sveinatunga Kjölur

Surtshellir Eiríksjökull Hrúifell Kjálfell Pjórsá
Strútur 1396 1008
Kalmastunga Ásgarðsfjall
Hraunfossar Húsafell 35 Pjórsa

Reykholt Auðsstaðir Langjökull Hvítárvatn

Hæll 1141 35

Grund Brautartunga Pórisjökull Geldingafell
Hagi Reyðarvatn 1350 796

50 Geitaberg Hagavatn Bláfell
Þyrill Pórólfsfell 1204

Hvammur Glymur 52 Skjaldbreiður Hlöðufell 10 Pjórsá
1060 1186

48 Vindáshlíð Pjóðgarður Stóri-Geysir 3 Gullfoss Hagavatn
Pingvellir Múli 3

Kárastaðir 2 Pingvellir Laugarvatn Tungufell
Heiðarbær 4 365 Haukadalur
36 365 37 Efri-Reykir Hrauneyjar
Reykur Nesjar Miðfello Laugarvatns Reykholt Kaldbakur Sigöl 152
hellir Laxárdalur Stóng
adalir 136 Pinga- Skálholt Flúðir Stóra
vallavatn Apavatn 35 Ásólfsstaðir Valafell Melfell
jr Nesjavalla- 350 Sólheimar Hági 764 Landmannahellir
un virkjun Húsatóftir 30 Stórahof Skard Hekla 5 Landmanna-
39 Hveragerði Storahof Næfurholt 1491 laugar
Vindheimar Kiðjaberg Selfoss Hekla- Selsund Torfajökull
42 38 Eyrarbakki Pjórsártun 26 Zentrum Vatnafjöll 1190
höfn Meiritunga Arbær Gunnarsholt Álfavatn
Stokkseyri Ferjunes 36 Reyðarvatn 1462 11
Flótshólar Hella Tunguskógur Tindfjalla-
Pjórsá Háfur 25 Hábær jökull
Háfur Fit Hvolsvöllur Mýrdalsjökull
Bergþórshvoll 261 Mörk Pórsmörk
Seljaland Eyjafjallajökull,
Hvammur Seljalandsfoss 1666
Bakki Moldnúpur Eyjafjallajökull Seljavellir
Erupts Visitor Centre 1450
Holt Steinar Skógafoss
Prídrangar Skógar Sólheimar
Grasleysa Hani Elliðaey 6 Pétursey Höfð
Hæna Bjarnarey Kap Dyrhólaey Vík í Mý
Álfsey Vestmannaeyjar Reynisfjara 12
Brandur Heimaey 7 Reynisdr
Suðurey
Hellisey
n Surtsey

0   30 km

© MERIAN-Kartographie   N

D   E

13

14

15

16

D   E

0   30 km

© MERIAN-Kartographie

Kartenregister

Orts- und Sachregister

Wird ein Begriff mehrfach aufgeführt, verweist die **fett** gedruckte Zahl auf die Hauptnennung, eine *kursive* Zahl auf ein Foto.
Abkürzungen:
Hotel [H]
Restaurant [R]

Liebe Leserinnen und Leser,
vielen Dank, dass Sie sich für einen Titel aus unserer Reihe MERIAN *live!* entschieden haben. Wir freuen uns, Ihre Meinung zu diesem Reiseführer zu erfahren. Bitte schreiben Sie uns an merian-live@travel-house-media.de, wenn Sie Berichtigungen und Ergänzungen haben – und natürlich auch, wenn Ihnen etwas ganz besonders gefällt.

Alle Angaben in diesem Reiseführer sind gewissenhaft geprüft. Preise, Öffnungszeiten usw. können sich aber schnell ändern. Für eventuelle Fehler übernimmt der Verlag keine Haftung.

© 2012 TRAVEL HOUSE MEDIA
    GmbH, München

MERIAN ist eine eingetragene Marke der GANSKE VERLAGSGRUPPE.

1. Auflage

Alle Rechte vorbehalten. Nachdruck, auch auszugsweise, sowie die Verbreitung durch Film, Funk, Fernsehen und Internet, durch fotomechanische Wiedergabe, Tonträger und Datenverarbeitungssysteme jeglicher Art nur mit schriftlicher Genehmigung des Verlages.

**BEI INTERESSE AN DIGITALEN DATEN
AUS DER MERIAN-KARTOGRAPHIE:**
kartographie@travel-house-media.de

**BEI INTERESSE AN
ANZEIGENSCHALTUNG:**
KV Kommunalverlag GmbH & Co KG
MediaCenterMünchen
Tel. 0 89/9 28 09 60
info@kommunal-verlag.de

TRAVEL HOUSE MEDIA
Postfach 86 03 66
81630 München
merian-live@travel-house-media.de
www.merian.de

PROGRAMMLEITUNG
Dr. Stefan Rieß
REDAKTION
Simone Lucke
LEKTORAT
Rosemarie Elsner
BILDREDAKTION
Simone Lucke
SCHLUSSREDAKTION
Ulla Thomsen
SATZ
Sabine Dohme, Planegg b. München
REIHENGESTALTUNG
Independent Medien Design,
Elke Irnstetter, Mathias Frisch
KARTEN
Gecko-Publishing GmbH
für MERIAN-Kartographie
**DRUCK UND BUCHBINDERISCHE
VERARBEITUNG**
Stürtz Mediendienstleistungen, Würzburg

TRAVEL HOUSE MEDIA

Ein Unternehmen der
GANSKE VERLAGSGRUPPE

PEFC
PEFC/04-31-1404

BILDNACHWEIS

Titelbild (Frostastadavatn See im Hochland), blickwinkel
Alamy: Arctic Images 92, J. Arnold Images 65, M. Falzone 57, B. Josefsson 8, H. Kurihara 61, Lonely Planet Images 14, mauritius images 29, 49, 75, 97, 106, L. Paukeje 67, M. Strmiska 43 • Arco Images: Camerabotanica 18 • blickwinkel 45 • Corbis: C. Simons 21 • D. Saße 4 • laif: Arcticphoto 123, Aurora Photos/S. Warren 30, Explorer/P. Le Floch 50, M. Galli 10/11, 26, 46, 81, 86, Gamma/J. Marmeisse 36, G. Haenel 22, hemis.fr/Tuul 99, Hoa-Qui/G. Morand-Grahame 118/119, R. Harscher 102, T. Linkel 2, 41, 58, 69, 72, 130, Redux/J. Graham 16, The New York Times/Redux/J. Nga 12, mauritius images: AGE 111, Alamy 115, cuboImages 109, imagebroker 105, 127, 128/129, imagebroker/A. Werth 54, naturepl.com/ O. Haarberg 116, Imagebroker/C. Handl 78, imagebroker/M. Peuckert 34/35, Nordic Photos 88, Tuul 77, United Archives 94 • Schapowalow: Atlantide 113 • transit: T. Haertrich 85 • Vario Images: RHPL 82 • Visum: D. Schoenen 24, N. Eisele-Hein 32